El enigma
de la perfección

William Hernández

CASA
CREACIÓN
Para vivir la Palabra

Para vivir la Palabra

MANTÉNGANSE ALERTA;
PERMANEZCAN FIRMES EN LA FE;
SEAN VALIENTES Y FUERTES.
—1 CORINTIOS 16:13 (NVI)

El enigma de la perfección por William Hernández Ortiz
Publicado por Casa Creación
Miami, Florida
www.casacreacion.com
©2021 Derechos reservados

ISBN: 978-1-629998-02-2
E-book ISBN: 978-1-629998-03-9

Desarrollo editorial: *Grupo Nivel Uno, Inc.*
Diseño interior: *Grupo Nivel Uno, Inc.*

©2019 William Hernández Ortiz

Nota de la editorial: Aunque el autor hizo todo lo posible por proveer teléfonos y páginas de Internet correctas al momento de la publicación de este libro, ni la editorial ni el autor se responsabilizan por errores o cambios que puedan surgir luego de haberse publicado.

Impreso en Colombia

21 22 23 24 25 LBS 9 8 7 6 5 4 3 2 1

Agradecimientos

Una vez más puedo canalizar ideas y conceptos a través de un documento escrito. Pensamientos que han fluido en medio de situaciones diversas y en ocasiones complicadas. Sin embargo, considero que este proceso no ha surgido al azar sino con un propósito dirigido para el bien espiritual de la vida de los creyentes que añoran un bálsamo en medio de tiempos inciertos y agobiantes.

Agradezco a mi Señor por la disposición surgida en mí y la concentración para poder poner en orden experiencias y ocurrencias en mi caminar por la senda del liderazgo durante tantos años. Sin la dirección y guía divina hubiera sido imposible concretar este objetivo.

También deseo destacar la ayuda de mi querida esposa y compañera idónea, Damaris, por su motivación e interés en los detalles importantes del manuscrito al igual que en la corrección del documento.

Por último, mi agradecimiento a mi amigo y compañero de milicia el Dr. Gilberto Ramos, por su valiosa contribución al brindar recomendaciones y aportes al trabajo realizado.

Prólogo

E l llamado al ministerio y al liderazgo es algo sublime y extraordinario. El solo pensar que el Dios de todo lo creado le confía a un ser humano imperfecto el cuidado de lo más valioso que tiene sobre la faz de la tierra —su rebaño— emociona. En medio de este llamado hay miles de experiencias que nos van marcando y formando. Como en toda actividad humana se van deslindando posiciones y se llega a extremos. Aristóteles decía que todos los extremos son viciosos, que la clase está en el equilibrio.

El ideal de un líder perfecto siempre está sobre el tapete ministerial, pero la realidad es que es imposible la perfección en medio de este mundo imperfecto. El presente escrito es uno necesario y pertinente a la realidad del liderazgo contemporáneo. Escrito en un lenguaje coloquial, aderezado con experiencias de la vida cotidiana, nos da la sensación de que el que escribe es un ser humano muy cercano a nosotros. Esto es importante ya que muchos escritores dan la sensación de estar escribiendo desde lo alto de una torre de marfil. Por lo que esbozan consejos que son inalcanzables.

En el presente libro encontrarás a un líder connotado de nuestro país —el Rev. William Hernández Ortiz—, hablando en un lenguaje sencillo, presentando sus alegrías y sus tristezas, brindando sugerencias y consejos asequibles a cualquier ser humano. Hallarás ejemplos de experiencias cotidianas por las que pasó y soluciones —basadas en el texto bíblico— muy pertinentes a lo que enfrentamos como gente llamada al ministerio. Puntos como la competencia ministerial, los prejuicios, la ansiedad, la honra, «el principio de Peter» y qué hacer cuando ya no se ejerce una función directiva son temas lapidarios para el líder. ¡Era necesario que se dijera y se dijo!

Qué satisfactorio es saber que las batallas y las luchas que hemos enfrentado en nuestro trabajo, como líderes, son semejantes a las de miles de otros compañeros. Las frustraciones que hemos enfrentado son parecidas a las de cientos de otros consiervos que prestigian la obra de Dios. Seamos fieles con lo que Dios ha colocado en nuestras manos, entendamos que Cristo es suficiente y algún día podremos dar buenas cuentas de lo que se nos delegó que hiciéramos en un tiempo determinado.

Adelante, siempre adelante.

Pastor Gilberto Ramos Granell
Presidente de NHCLC, Capítulo de Puerto Rico
18 de noviembre de 2019
Mayagüez, Puerto Rico

Contenido

Introducción

En la década de los ochenta, me desempeñaba como líder laico en mi iglesia, laborando en todo aquello en lo cual mi pastor me asignara, responsabilidades que —a su juicio— podía realizar debido a las capacidades que tenía. Consideraba las funciones pastorales como el más alto privilegio que podía tener creyente alguno. Ser llamado por Dios para dirigir los destinos de una congregación abrumaba mis pensamientos con admiración y respeto.

El pedestal en el que situaba al pastor de una congregación, a los hombres y mujeres llamados por Dios, estaba adornado por adjetivos tales como intachable, irrefutable, lleno de sabiduría y ciencia, buen juicio, irreprensible en sus decisiones, bien intencionado, sin debilidades morales, en total control de sus emociones y otras descripciones de buen proceder y perfección.

Al evaluar esa perspectiva que tenía me formulaba las siguientes preguntas: ¿Llegaría el momento en que pudiera alcanzar tal nivel de perfección? ¿Tendría la capacidad de proveer el liderazgo para lograr el desarrollo espiritual de una persona o de una congregación? Pensaba que tal perfección era casi imposible de alcanzar y solo algunos privilegiados podían llegar a ese lugar de preeminencia.

En cierta ocasión en la que sostenía un diálogo con mi padre, este me informó de la muerte de un buen amigo, uno de sus mejores compañeros desde la niñez. Su amistad los acompañó durante su servicio en el ejército juntos y luego en los años adultos. ¿Por qué fue importante para mí ese diálogo con mi padre? Por el hecho de que aquella imagen que tenía de lo que era un pastor comenzaba a diluirse. Ese amigo de mi padre también llegó a ser un gran pastor, admirado y muy exitoso en su ministerio.

La noticia de su muerte estremeció todas mis creencias y sentimientos en cuanto a lo que verdaderamente era el ministerio pastoral. Como líder laico desconocía muchas cosas acerca del ministerio, por lo tanto, fue sumamente chocante la noticia de que se había quitado la vida. El silencio acerca de lo que originó su decisión de terminar con su existencia, inundó la conversación. Sin embargo, en mí surgieron un mar de preguntas que me acompañaron por muchos años sin poder responderlas en forma satisfactoria.

¿No es Dios todopoderoso para librar a sus siervos de esos pensamientos? ¿Acaso no tenemos su Espíritu Santo y somos su templo? ¿Por qué faltó la sabiduría que Dios promete en el libro de Santiago para todos aquellos que la piden? ¿Dónde quedaba la promesa de Dios en 1 Juan 2:1 acerca de que «si alguno hubiera pecado, abogado tenemos para con el padre, a Jesucristo el justo»? ¿Por qué llegó al extremo de quitarse la vida? ¿Cómo perdió la confianza en que Dios podía lidiar con la magnitud de su situación particular?

Mi desconocimiento acerca de la naturaleza humana, en cuanto a la concupiscencia con sus pensamientos y deseos —que precipitan a ejecutar y satisfacer las demandas de la carne— era abundante. Yo era un individuo ingenuo ante los sentimientos de arrogancia y altivez de espíritu que nublan el buen juicio y la falta de capacidad para tomar decisiones rápidas y certeras, como le sucedió a José en medio de la tentación. Si este hubiera cedido, los resultados de las circunstancias, la devastación y la incertidumbre lo acompañarían a él y a su familia en el futuro.

Había en mí falta de sabiduría con respecto a la fragilidad del cuerpo humano ante los embates del excesivo esfuerzo en las labores físicas y emocionales que llevan al estrés y a la depresión. Los desaciertos en las decisiones de los gobiernos y aun de las iglesias, con respecto a leyes establecidas bíblicamente, conmueven las entrañas de nuestro ser interior. A esto se añade la falta de honra, fidelidad y unidad en la cual hay que proveer liderazgo. Todo eso creaba en mí una nube inmensa alrededor del ministerio pastoral y una preocupación por la salud física, emocional y espiritual no solo del que ocupaba tal posición sino también la de su familia.

Los años diluyeron muchas de esas preguntas, la sensibilidad a la voz de Dios y mi obediencia a su llamado hicieron desaparecer, por muchas décadas, esas preocupaciones que habían surgido por la muerte de uno de los mejores amigos de mi padre, que fuera un excelente y eficiente supervisor de labores de construcción y a la vez, en su tiempo, un exitoso pastor. Al iniciar la década de los noventa ya me encontraba en el ministerio pastoral y también dirigía una corporación estadounidense en nuestra isla.

Dios fue bueno al prosperarme tanto en mi pastoral como en mis funciones seculares. Sin embargo, después de ocho años como obrero biocupacional, Dios me separó para que me dedicara al ministerio de tiempo completo. Confieso que fueron momentos desafiantes mientras me encontraba en situaciones conflictivas en el ejercicio de dichas responsabilidades, tanto en la función de pastor como la de presidente y gerente general de una corporación. Fue en el 2001, bajo la dirección de Dios, que decidí poner a un lado mi profesión en la organización farmacéutica que dirigía.

El ser humano fue diseñado por Dios para que llevara a cabo una tarea que generaría satisfacción y beneficio para él, su familia y aquellos que le rodean, y sirviendo de influencia mediante el ejercicio de su labor. Nunca estuvo, ni estará, en la mente de Dios que el varón o la mujer lleven una vida sobrecargada, todo el tiempo, poniendo en peligro su salud, la de su familia y la de todos aquellos que dirija. Tal situación es contraria a lo que es el plan de Dios para el ser humano.

Los adelantos tecnológicos, cuya intención era aliviar la carga de las personas, solo han añadido más preocupaciones, tanto física como emocionalmente. Los niveles de estrés en el área de trabajo, la severidad del aumento en casos mentales y casos de depresión han alcanzado niveles nunca experimentados por sociedad alguna.

Y luego de las recientes noticias, acerca de algunos compañeros en el ministerio pastoral tanto en América del Norte como del Sur, que bajo la presión del trabajo pastoral han sucumbido ante el espectro del suicidio, volvieron a reavivar aquellas inquietudes que tenía en los años ochenta. Es necesario que podamos responder a ello, porque es precisamente esa incertidumbre la que el enemigo usa para desarmar a muchos líderes y pastores al punto de llevarlos al abandono de su fe.

A continuación comparto con ustedes un comentario que surgió en las redes sociales y que hiciera un compañero pastor luego que una pastora se quitara la vida. Cito:

«Ciertamente no lo hizo porque era débil. Muchos de nosotros, pastores, andamos muy solos, necesitamos amigos, gente con quien desahogarnos, personas que no vayan a exponer al público nuestras heridas; hermanos dispuestos a amarnos y a tener misericordia con nosotros, amigos que nos orienten y nos entiendan como seres humanos, que no emitan juicios, que no nos vean como "pastores superhéroes", ni como seres que no cometemos errores. Iglesia, vamos a dejar de juzgar, vamos a amar más, vamos a oírnos unos a otros sin juzgar. Yo pasé por la depresión, varias veces pensé en quitarme la vida, pero algunos amigos me sostuvieron en oración, con amor y me ayudaron en la fe. Me duele el corazón por la separación que existe entre los colegas ministros y entre ellos y las congregaciones que dirigen. Pastores que requieren amor, atención o que solo necesitan de alguien que los escuche.

»Es triste saber que muchos hombres y mujeres de Dios están perdiendo las ganas de vivir a causa de la presión, los ataques espirituales y las dificultades con que se enfrentan a lo largo del camino. Sufren por la falta de apoyo que muchas veces necesitan. La mayoría de los ministros siempre están presentes en la vida de las personas que los necesitan, pero cuando son ellos los necesitados se ven solos, aislados. Si la iglesia que pastorean está bien, se constituyen en el blanco de las críticas de los compañeros que en vez de alegrarse con el crecimiento se llenan de celos por los demás, al punto que muchos apuestan y hacen lo posible para que algo malo suceda con el pastor y así ver su caída».

El pastor continuó diciendo: «Muchos hasta piensan que la vida del pastor es fácil, tranquila. No saben la lucha espiritual que enfrentamos, pues no batallamos contra carne y sangre, sino contra espíritus malignos que actúan en la vida de las personas. Somos guerreros que nos enfrentamos al infierno para atraer a la gente a Dios».

Como conclusión, el ministro hizo una apelación a los creyentes pidiendo la intercesión de la iglesia por los líderes: «Necesitamos protección puesto que enfrentamos muchas trampas y ataques espirituales a lo largo de la jornada. Que Dios guarde a los pastores que tienen compromiso con el reino de Dios, que los libre de todo desánimo y de las asechanzas malignas que los acosan».

Por otra parte, en un comunicado hecho por el *New York Times* en agosto del 2010, el periódico reseñaba la alta incidencia de pastores que padecen de síndrome de fatiga crónica, un estado de agotamiento físico, emocional y mental que es recurrente. Aquellos que experimentan esa condición pueden sentir un deseo agobiante de escapar, experimentar la falsa sensación de fracaso, sentirse negativos con respecto a los demás y mostrar enojo e ira inapropiados. El paciente puede sucumbir ante la depresión, ser más sensible a las enfermedades y hasta ceder a cualquier adicción que lo esclavice.

El síndrome de fatiga crónica es experimentado especialmente por individuos o profesionales que proveen ayuda a otros, tales como pastores, doctores, maestros, oficiales policiales, trabajadores sociales y otros que laboran intensamente con otras personas. Las demandas excesivas a las que los pacientes los someten —exigencias de tiempo, energías y recursos— generan como resultado inevitable dicho síndrome.

Estudios recientes realizados por varios ministerios en Estados Unidos arrojaron las siguientes estadísticas sobre la pastoral, lo cual debe servir de alerta para que se tome consciencia acerca de la realidad de este enemigo. El 45 % de los investigados expresaron sentir depresión o síndrome de fatiga crónica al punto que requieren descanso de sus funciones pastorales. El 50 % se sienten incapaces de lograr las expectativas que la posición pastoral requiere. El 90 % trabajaba más de cincuenta horas a la semana, el 94 % siente la presión de tener una familia perfecta y 80 % indica que el ministerio afecta a su familia en forma negativa. Si a esto le añadimos que aproximadamente mil quinientos pastores abandonan cada mes la función pastoral debido al mencionado síndrome, a los conflictos o a las fallas morales, realmente tenemos una crisis que no podemos ocultar.

Es la realidad de este ataque despiadado a la salud física y mental de aquellos que han decidido asumir responsabilidades de liderazgo lo que nos obliga a detenernos en la acelerada jornada de nuestra existencia y a reflexionar sobre cuál es el propósito de Dios y sus expectativas en cuanto a agradarlo. Es mi intención identificar aquellos elementos nocivos que nos llevan a la desconfianza y a la duda, en cuanto al propósito divino, con el objeto de proveer respuestas bíblicas junto con experiencias reales.

Tras haber experimentado el liderato en diversidad de ambientes, y compartido con muchos hombres y mujeres destacados las funciones de liderazgo, considero que puedo ofrecer algunos consejos valiosos para aquellos que enfrentan la incertidumbre de un futuro que puede llegar a ser brillante y satisfactorio en pro de la ejecución de sus responsabilidades como líderes.

CAPÍTULO 1

La expectativa de ser perfectos

«... era este hombre perfecto y recto».
—Job 1:1

Reinaba un ambiente de motivación y celebración con las iniciativas que había tomado el gobierno de turno en cuanto a dirigir sus esfuerzos bajo la consigna de la calidad y la excelencia en todas sus ejecutorias. Me encontraba en la casa del presidente de la Universidad de Puerto Rico, en aquel entonces el Dr. Maldonado, preparándome para dirigirme a la audiencia que estaba allí presente. Como presidente del panel de Jueces y Evaluadores del Premio a la Calidad del Gobernador me correspondía esa participación. Recuerdo haber compartido en el evento el concepto de la creación de Dios, donde se manifestó toda la calidad y excelencia que puede existir en obra alguna: «Y vio Dios que era bueno» (Génesis 1:25, 31).

¿A qué se refería Dios con bueno? La palabra «bueno» se refiere al valor, al propósito y a la función de algo. Por ejemplo, Dios observó la luz y vio que era buena: era de valor; cumplía el propósito de la función para la cual fue creada. ¿Cuál era la función de la luz? Veamos lo que nos dicen las Escrituras: «Y separó Dios la luz de las tinieblas» (Génesis 1:4). La luz tiene varias funciones básicas, entre las que podemos mencionar: divide las tinieblas para darle luz al mundo y al universo. Hace que las cosas crezcan. Sin luz no puede existir la vida. El hombre, los animales, la vegetación, todos dependen de la luz para poder vivir. La luz da calor, da color y belleza a las cosas. La luz habilita al hombre y a los animales para observar; expone todo el universo y toda la tierra para que puedan ver y llevar a cabo sus funciones de la mejor manera.

Así que todo lo creado por Dios en los seis días de la creación, incluido el hombre, estaba habilitado para cumplir y satisfacer las funciones designadas. El hombre, creado a imagen y semejanza de Dios, tenía el aliento y la inmortalidad de Dios. Por tanto, estaba habilitado para adorar a Dios, compartir con Él y comunicarse con Él. Además, el hombre fue capacitado para poblar la tierra y servir a Dios enseñoreándose, desarrollando y administrando todo lo creado por Dios.

La frase «he aquí», del versículo 31 de Génesis 1, nos llama la atención en cuanto a cuán buena era la creación de Dios. Dios estaba complacido en extremo por lo que había hecho. Todo era bueno en gran manera, perfecto en cada detalle. Todo había sido creado como Él lo había planeado: perfecto para sostener al hombre sobre la tierra; perfecto para proveerle de un hogar a medida que cumplía con su propósito.

La palabra perfecto tiene su origen en el latín «*perfectus*». Describe la cosa, organismo o individuo que reúne el más alto nivel posible de excelencia en relación con los demás elementos de su misma especie o naturaleza. Si algo alcanza ese nivel de perfección, no existe posibilidad de hacerlo mejor, ya que no existe nada superior a lo que se ha logrado. A ese nivel creó Dios todas las cosas; nada de lo creado podía hacerse con una calidad y una excelencia superiores a las que tenían cuando fueron hechas.

Claro que la perfección, desde la perspectiva humana, tiene un grado determinado de subjetividad; en cierto modo, lo completamente perfecto no existe.

Hablar de excelencia, calidad o perfección en las tareas que realizamos es y será siempre materia de temas relativos tanto al emisor como al receptor. Me refiero al hecho de que estos términos serán utilizados dentro del contexto del que se hace alusión a los mismos.

En las décadas de los ochenta y los noventa abundaban en la cultura occidental unas frases que resaltaban el máximo esfuerzo en todo lo que hacíamos: excelencia en manufactura, «six sigma», «justo a tiempo», «equipos autodirigidos», entre otras. Todo con la intención de sobresalir al producir lo mejor de lo mejor. Fueron tiempos de retos y oportunidades que nos llevaron a dar lo mejor de nosotros en nuestras respectivas posiciones.

Sin embargo, la realidad de todo eso es que nunca llegamos a la perfección, siempre existía algo nuevo por lo cual seguir esforzándonos. La excelencia en los negocios, la excelencia en la cadena de distribución así como en otras estrategias desarrolladas, surgía constantemente para alcanzar esa perfección. Esa carrera no se ha detenido en la actualidad, sin embargo, el hombre sigue sin alcanzar la totalidad de lo deseado. Sí se han logrado resultados impresionantes en las diversas empresas y organizaciones, tanto individual como colectivamente. Y nos sentimos orgullosos de alcanzar grandes logros para el beneficio de la sociedad a través de los años. Áreas como la manufactura, las comunicaciones, las finanzas, los sistemas de información, son algunas de las que se han perfeccionado en pro del desarrollo empresarial.

También en el ámbito eclesiástico hemos adoptado muchos de esos esfuerzos por la excelencia para funcionar en forma óptima en nuestra mayordomía cristiana. Nos hemos sumergido en la tecnología así como también en los procesos y métodos gerenciales para intentar lograr la excelencia en nuestros ministerios. Eso ha creado una expectativa y una ansiedad por competir con aquellos que han logrado resultados impresionantes en sus ministerios. Nos hemos olvidado de que Dios nos da responsabilidades de acuerdo a nuestras capacidades y nos juzgará en función de lo que nos ha encomendado y no de lo que hemos hecho comparado con otros compañeros en el ministerio.

La parábola de los talentos, en Mateo 25:14-30, es un claro ejemplo de esta verdad bíblica. Dios le dio dones a cada uno de acuerdo a las habilidades de cada persona. Podemos observar cuatro factores de importancia en esta acción del Señor. Primero, cada siervo tiene una habilidad particular. Entre esas habilidades pueden estar las siguientes: intelectual, sentimental, disciplinaria, iniciativa (como lo muestra Mateo 25:15). Segundo, reconocemos que es Dios el que capacita y provee los dones como Él quiere y a quien Él quiere, ya que conoce perfectamente a cada cual (1 Corintios 12:11). Tercero, cada siervo recibirá el don que necesite y que pueda usar (Romanos 12:4-8). Finalmente, cada uno de los siervos tiene la misma oportunidad de ser fieles con aquello que Dios haya puesto en sus manos (Mateo 16:27).

Si uno observa la experiencia de los que obraron con responsabilidad, vemos que la respuesta —en el momento de la recompensa— fue la misma: «Bien, buen siervo y fiel; sobre poco has sido fiel, sobre mucho te pondré; entra en el gozo de tu Señor» (vv. 21, 23). Nuestro Dios siempre obrará con justicia. Las ventajas que puedan tener algunos debido a factores como el ambiente, la tecnología, el estatus social, la cultura, entre otros, no serán consideradas a la hora de las recompensas por parte del Dueño de todo lo que existe.

Ninguno de esos factores impresionará a Dios. Sí, son herramientas que Él ha puesto para la movilización de su reino y la predicación del evangelio. Pero no serán un elemento de juicio para la recompensa que nos dará cuando estemos ante el tribunal de Cristo. Al contrario, lo importante será la calidad de nuestro trabajo —en el marco de las responsabilidades que Él nos haya dado (1 Corintios 3:12-15)—, las motivaciones internas que nos llevaron a cumplir con esas responsabilidades (1 Corintios 4:5) y nuestra fidelidad en el proceso al realizar las mismas (1 Corintios 4:2).

La realidad de nuestros ministerios es que Dios nos juzgará en base a los dones que puso en nuestras manos, bajo los elementos mencionados anteriormente, y no en comparación con otros ministerios. La competencia en el ministerio ha llevado a muchos a la frustración, la depresión y hasta, lamentablemente, a renunciar al trabajo ministerial por la falta de resultados. Y en ciertos casos extremos, a la incredulidad de la existencia del que los llamó al ministerio, por lo cual algunos han recurrido al suicidio.

Queremos tener ministerios perfectos, con todo lo mejor, lo más impactante, lo que dé más resultado en la comunidad. Nuestros esfuerzos son excesivos, al punto que abandonamos nuestra intimidad con Dios, nuestra relación con nuestras familias y hasta el cuidado de nuestra salud. Todo por no quedarnos rezagados.

Quiero dar a conocer la base ideológica a partir de la que elaboraré y desarrollaré este tema: «Dios es perfecto en todas sus obras. Pero el hombre, al perder la perfección en el huerto de Edén, está en proceso de recuperar esa perfección. Así que, mientras estemos laborando en la tierra, no existirá la perfección en la función de liderato o dirección de ningún ministerio. Por tanto, la perspectiva del líder perfecto es un mito».

Como seres imperfectos, estamos sujetos a cometer errores, tomando decisiones basadas en las ideas que hemos dado como las adecuadas y motivadas por nuestros sentimientos e intereses personales. Creemos que como líderes espirituales somos la última y perfecta alternativa, la que nunca falla. Eso nos lleva a conducir a la grey del Señor por pastos desconocidos y hasta artificiales, sin valor nutricional alguno, en el ámbito espiritual.

Como personas dotadas de sabiduría e inteligencia no dudo que la sospecha, el recelo y hasta el rechazo a esto que he afirmado hayan podido surcar sus mentes. Puede que pienses que es una herejía, una falta de conocimiento sobre la teología u otras posibles motivaciones al respecto lo que me impulsa a hacer tal aseveración. Sin embargo, ha sido mi exposición a la labor pastoral por largos años —además de las experiencias tanto en el ámbito espiritual, físico como emocional— que he vivido, la que es probable que no sea tan diferente de la que otros pueden estar viviendo, la que me ha motivado a esta conclusión.

Es mi deseo proveer alguna ayuda en el proceso de dirigir o ejercer el liderazgo para que entendamos cuáles son realmente las expectativas de Dios y las que nos imponemos arbitrariamente. Imposiciones que nos llevan al desgaste físico y emocional, las que pueden derivar en el abandono de nuestras responsabilidades con efectos negativos en cuanto a la familia y hasta con finales trágicos, por la simple razón de intentar estar al nivel de otros y querer agradar a todos en todo.

Quiero enfatizar que, a pesar de mis años en el ministerio y mi experiencia en el mismo, lo único que puede cambiar entre tú y yo es la generación. Los retos y las oportunidades de la actualidad siguen vigentes para todos aquellos que hemos aceptado el llamado a apacentar la grey del Señor. Te desafío a realizar una introspección de tu vida ministerial a la luz de los requisitos bíblicos y no de las pautas y exigencias elaboradas por la imperfección humana.

CAPÍTULO 2

Quietos ante el rugir de la depresión

«Nos has creado para ti y nuestro corazón no
estará quieto hasta encontrar descanso en ti».
—Agustín de Hipona

Un domingo en la mañana sentí un profundo deseo de
orar por un compañero en el ministerio pastoral; yo
ocupaba la presidencia de nuestra organización y no tenía
ningún compromiso formal ese día; así que, en vez de ir a la
congregación a la que asistía normalmente, fui a visitarlo.
Al llegar a la iglesia y preguntar por él, me dirigieron a un
cuarto donde se encontraba orando. No olvido la intensidad de la oración del pastor, sus sollozos y sus lágrimas;
estas evidenciaban la angustia y la aflicción por la cual estaba pasando. Sorprendido por mi visita pasamos a establecer un diálogo, el mismo compañero testificó que fue Dios
quien diseñó aquel encuentro.

Las responsabilidades del ministerio son diversas, inten-
sas y requieren de una extraordinaria fortaleza emocional,
física y espiritual. Nuestro intelecto solo no puede lidiar con
las tormentas que surgen en medio de la oleada de retos y
adversidades que se fortalecen en medio del ambiente que
nos ha tocado vivir. Considero que la preparación formal
es un factor sumamente importante en nuestro empeño de

ser fieles a quien nos llamó y comisionó para esta tarea. Sin embargo, la preparación académica —aunque sea de alto nivel— no nos garantiza un camino sin espinas ni escollos en nuestra vida ministerial, debe existir un equilibrio que incluya las emociones, el estado físico y una intimidad profunda con nuestro Señor, algo de suma importancia.

La figura del héroe poderoso que no teme a nada ni a nadie, que puede saltar edificios altísimos con un mínimo esfuerzo y que puede moverse con la velocidad de un rayo, evitando los dardos del enemigo es un mito. Somos seres humanos de carne y hueso, por los que circula sangre a través de miles de conductos capilares y venas; hacemos uso del oxígeno que mantiene nuestro cerebro funcionando normalmente como cualquier hijo de vecino.

Por años fui alimentado con frases que revelaban niveles de superioridad en aquellos que eran llamados al ministerio. Los líderes deben ser el ejemplo, llegar primero a los cultos, estar los siete días de la semana en el templo, no tomar vacaciones, no participar en deportes ni en juego alguno, entre otras aseveraciones. La familia del líder era puesta como ejemplo de abstención de todo y de reclusión permanente en el templo. Por desdicha, esta última exigencia llevó a muchos hijos de líderes a no seguir los pasos de sus padres en el ministerio.

¿De dónde surgen tantas imposiciones sobre el ministerio? ¿Qué instrucciones bíblicas dieron los apóstoles o el propio Señor Jesús sobre el llamado? ¿Quién diseñó la camisa de fuerza en que se metió al ministerio? ¿Qué se pretendía con esas intenciones? ¿Por qué aparentar ser más santo, consagrado y de mayor espiritualidad que los demás? Nos olvidamos de que no son nuestras habilidades, destrezas o conocimientos lo que impresiona a Dios, sino una simple y sencilla disposición nuestra a obedecerle y seguir sus mandamientos, claramente plasmados en las Sagradas Escrituras.

«Oh hombre, él te ha declarado lo que es bueno, y que pide Jehová de ti: solamente hacer justicia, y amar misericordia, y humillarte ante tu Dios». Miqueas 6:8

¿Somos los pastores, acaso, especímenes (representativos de una clase de seres con características muy bien definidas o cualidades superiores) eximidos de los males emocionales que afectan a los demás? La Biblia relata muchas historias acerca de hombres señalados como «justos y perfectos» que no siempre estaban a la altura de esos señalamientos; cada uno de ellos, en sus respectivas épocas, mostraron las mismas debilidades que todos experimentamos. ¿Eran perfectos de acuerdo con la definición absoluta del término? No, si los analizamos a cada uno de ellos veremos debilidades que permearon a través de su conducta en el transcurso de sus vidas.

Es esencial entender que Dios nos escogió, no porque tengamos fuerzas poderosas o personalidades atractivas, ni porque seamos una fuente de pensamientos positivos para motivar a otros, sino porque somos vasos frágiles pero vasos que se ponen en las manos del Alfarero divino. ¿En cuántas ocasiones luchaba con Dios en oración para que me diera un carácter diferente, una personalidad más aceptable? ¿Cuántas mañanas, al levantarme, tuve que luchar para evitar que la depresión me sobrecogiera y opacara mi amanecer? ¿En cuántas ocasiones, en mis momentos a solas con Dios, cuestionaba mi origen y mi forma de interaccionar con los demás?

En mis muchas introspecciones, deseaba ser otra persona y no yo. Consideraba que otros alcanzaban mejores resultados y eran reconocidos por su altura espiritual. Mis pensamientos se remontaban a oportunidades en las que había sufrido alguna decepción o pasado alguna vergüenza, ¡y cómo deseaba retornar al pasado y corregir mi conducta o mi actitud! Confieso que hablar de este tema es un poco incómodo, pero no fue hasta que pude aceptarme tal y como Dios me formó, cuando entendí que cada situación era una oportunidad que Dios me daba para glorificarlo a Él. Fue en ese momento cuando comencé a vencer esas emociones, esa autorecriminación y a sentir paz. Porque entendí que nadie es perfecto y que todos somos vasos con usos diversos en momentos específicos, diseñados por el Creador. Pensar diferente es engañarnos y pretender ser invencibles como los héroes mitológicos de la antigua Grecia, lo cual es un grave error.

El Ave Fénix

Un mito es un relato fabuloso escenificado fuera del tiempo histórico y protagonizado por personajes de carácter divino o heroico —tales como dioses, semidioses, héroes, monstruos o personajes fantásticos— cuyo objeto es dar explicación a un hecho o fenómeno. Los mitos, por lo general, tratan acerca de la naturaleza del mundo y sus orígenes, el significado de las religiones y el ejercicio de las prácticas rituales. Aunque también hay mitos en todas las esferas de la existencia. El conjunto de esos mitos es lo que se conoce como mitología.

Como consecuencia, esas mitologías influyeron mucho en la cultura de la civilización occidental así como en todas sus áreas: literaria, artística, teatral, intelectual, filosófica, etc.

La creencia de que somos personajes o protagonistas superiores a los demás y que podemos llevar a cabo coherentemente hazañas prodigiosas sin sufrir daños o la habilidad de resurgir de nuestros momentos no esperados ni deseados sin consecuencia alguna es un mito. En ocasiones, sin conocer ni haber escuchado acerca de la leyenda del Ave Fénix, pensamos que somos semejantes a los personajes de ese relato.

El Ave Fénix es un pájaro ficticio creado por la mitología griega, del que se especula que se consumía por acción del fuego cada quinientos años, pero luego resurgía de sus propias cenizas. Cuando le llegaba la hora de morir, hacía un nido de hierbas aromáticas y diversas especias, ponía un solo huevo que incubaba durante tres días y, al tercer día, ardía en llamas. El Fénix se quemaba por completo y, al reducirse a cenizas, resurgía de nuevo en una caracterización espectacular, distinguida y eterna. Se le atribuye a esa ave una fuerza descomunal, al punto que era capaz de cargar hasta elefantes.

Según el mito, poseía varios dones, entre los cuales destaca el hecho de que sus lágrimas eran curativas. También se especula que el Ave Fénix tenía el poder de transformarse en un pájaro de fuego del tamaño de un águila. A causa de su mítica muerte, el Ave Fénix se ha convertido en un símbolo de fuerza, de purificación, de inmortalidad y de renacimiento tanto físico como espiritual. Tanto, que es una de las figuras más populares que se emplean en los tatuajes que usa la gente en estos tiempos.

¡Cuántos líderes entran al valle de la desilusión cuando no pueden lidiar como ellos pensaban con los problemas y situaciones que surgen en el ministerio! Los mismos se olvidan de que no son como el Ave Fénix, que no pueden resurgir de las cenizas de la situación difícil en la que se encuentran y entran en un estado que podríamos clasificar como depresión.

En agosto del 2010, el *New York Times* publicó lo siguiente: «Los miembros del clero ahora sufren de obesidad, hipertensión y depresión a niveles más altos que el resto de los estadounidenses. El uso de antidepresivos ha aumentado, al mismo tiempo sus expectativas de vida han disminuido. Muchos cambiarían de profesión si pudieran».

Las estadísticas muestran que son muchos los líderes que renuncian al ministerio mensualmente debido al agotamiento espiritual, entre otras causas. Un alto porcentaje se siente que carece de las calificaciones necesarias para desempeñar su rol como líder, por lo que muchos combaten con la depresión.

La mayoría comienza bien, con un llamado genuino de parte de Dios con el entusiasmo y con la fe de perseverar y ser exitoso, pero algo pasa en el camino que descarrila su locomotora de pasión y amor por su llamado. ¿Como enfrentamos esta triste realidad de que todo aquel llamado por Dios sufre en algún momento de su vida ministerial?

Un siervo deprimido...

En 1 Reyes 19:4, vemos el caso de un hombre de Dios navegando en el valle tenebroso de la depresión. Luego de una gran victoria, ahora está sumergido en una depresión extrema, al punto que desea que le sobrevenga la muerte. Es importante señalar que Elías era un profeta experimentado en sus luchas a favor de Dios. Adiestrado como una fiera en el torrente Querit, donde solo comía medio pan que le llevaban los cuervos y bebía del propio caudal de agua. Se había enfrentado a reyes, había desenmascarado a los poderosos, confundiendo y degollando a los adoradores de Baal en el torrente Quisón.

De un hombre como ese no esperamos un desfallecimiento tal; sin embargo, tuvo que lidiar con la angustia, ¡y a qué grado! Ante el anuncio de la reina Jezabel de pasarlo a espada como él hizo con los profetas de Baal, Elías emprende la huida hacia el monte Horeb, sobrecogido por una profunda depresión. Para los siervos de Dios que viven en su proximidad y su presencia, esas depresiones tienen características de una verdadera agonía.

Es interesante mencionar que las bajas emocionales llegan rápidamente después de haber experimentado una victoria. Estos miniepisodios de depresión afectan la energía, crean una influencia distorsionada de los valores e impactan negativamente nuestra fe. Son como olas de oscuridad, nubes que cubren a Dios, como si una capa densa oprimiera el alma.

El estrés, los retos, los contratiempos y las decepciones en la vida son factores que pueden hacer que las personas tengan sentimientos de tristeza. Sin embargo, la depresión no solo lleva a experimentar caída en el ánimo ocasionalmente, sino que constantemente nos enfrenta a sentimientos de vacío, pérdida y desesperanza agobiantes en todos los aspectos de la vida, todo lo cual incide en el funcionamiento normal de la rutina diaria.

De acuerdo con estudios realizados, las personas nacidas después de 1950 son diez veces más propensas a experimentar depresión que sus antecesores. Aquellos que están entre los veinte y cuarenta cinco años tienen el mayor porcentaje de riesgo de depresión, aunque algunos estudios revelan que los adolescentes tienen el más rápido crecimiento en los casos de depresión (fuente: A woman's Guide to Overcoming Depresión).

La realidad es que son muchos los factores que pueden causar esta condición en nuestras vidas. Entre ellos tenemos el fracaso en cuanto a lograr las metas estadísticas o financieras; el rechazo de los líderes y miembros a objetivos y metas que consideras vitales para el crecimiento integral de la congregación. Los asuntos familiares, como la pérdida de seres queridos, la culpabilidad, la vergüenza, la soledad o el aislamiento. El exceso de trabajo que genera estrés y pensamientos negativos. Todos estos factores pueden ser detonantes de eventos mayores que promueven la depresión. Por otro lado, también tenemos que considerar los factores médicos y biológicos que pueden afectar y causar la depresión.

El escritor de los Proverbios dijo: «La congoja en el corazón del hombre lo abate; mas la buena palabra lo alegra» (12:25). Cuando surjan los síntomas de pérdida de energía, fluctuaciones de peso, falta de concentración, irritabilidad, deseos de llorar, falta de interés en actividades placenteras, distracción social y pensamientos de suicidio, debes estar alerta, es tiempo de buscar ayuda, has entrado en un proceso de depresión.

Quiero compartir el testimonio de una persona que, desde su niñez, recuerda su encuentro con este mal emocional que casi destruye su vida, sus fuerzas físicas y sus emociones.

«La depresión te hace sentir como si la vida no tuviese sentido. Como si no hubiese propósito más que el de morir. Haces todo por cumplir, pero sin intención alguna. Como si alguien acabase de morir y estuvieras en periodo de duelo todo el día, los siete días de la semana, durante años. El desamparo puede estar latente. Cualquier emoción se siente entre cinco a diez veces mayor: enojo, soledad, sarcasmo, críticas, alegría, tristeza, abandono, etc. No quieres hacer nada. Nada te interesa. Lo único que te importa es dormir, ver televisión… pero solo, sin nadie alrededor. Se siente una aflicción terrible, aunque sin causa aparente. No hay motivos para nada. No hay ganas de nada. Lo que quieres es estar solo. No se quiere compartir con nadie, solo sientes un profundo dolor, no hay ganas de hablar. Te sientes ansioso porque crees que algo malo va a pasar en cualquier momento. Surge entonces, la irritabilidad acompañada de mal humor y desesperanza continua. Estas manifestaciones no son pensamientos. Son emociones fuertes que se sienten y que son muy difíciles de erradicar. Acaparan todo el ser. Crean una extrema sensación de pérdida, insuficiencia, impotencia. Es como ir en contra de lo que siente tu cuerpo con el fin de contrarrestar, con el pensamiento, que lo que sientes no es real. Es verdaderamente muy, pero muy difícil. El que vence la depresión es como un héroe anónimo que logró vencerse a sí mismo. Nadie sobrevive a una depresión extrema sin ayuda. Las artes, los placeres, la desobediencia, las drogas… son un escape "válido". Al menos por un momento, por unas horas, para salir del dolor. Eso es lo que uno piensa. La angustia de confirmar que la vida no es más que responsabilidades y atropellos de la gente es motor suficiente para rendirse. Da hambre, falta apetito, mucho cansancio, quiero hacerlo todo de una vez para salir de eso. No quiero conocer a nadie.

»Empecé a sufrir de depresión a los seis años. Nunca tuve pensamientos suicidas ni autodestructivos. Hoy puedo entender que Dios protegió mi mente. Me refugié en la música y el arte como escape. No había de otra. Morir no era una opción. Ahora solo sufro algunas consecuencias. Se pueden manejar. Pero puedo concluir que es algo sobrenatural. No es de este mundo. Son fuerzas e influencias destructoras de otra dimensión que solo tienen un fin: hacer morir el ADN de Dios en el hombre, en espíritu, alma y cuerpo. Lo hace en orden; paso a paso, para terminar con el cuerpo físico. Un amigo mío murió a causa de eso. No importa cuánta gente trate de ayudarnos, si no podemos controlar nuestras emociones, no conocemos nuestra identidad ni nos convencemos de que hay un propósito en la vida. Lo más probable es que la muerte llegue por nuestras propias manos o que contagiemos a los demás con palabras de muerte y con quien sea que nos topemos. Hay salida. Se necesita el convencimiento continuo e intencional de nuestra identidad y saber que el panorama puede cambiar. No es fácil sentirse en un mar interiormente toda la vida e imaginar que existen árboles cuando uno nunca ha pisado tierra. ¡Alguien tiene que enseñarnos el camino!».

¡Es momento de detenernos en nuestro acelerado viaje!

Es el momento de detenernos en nuestro acelerado viaje y mirar hacia todos lados en busca de ayuda. El primer enfoque debe ser lo que el versículo da como respuesta a la ansiedad del corazón, la Palabra de Dios que alegra el corazón. Dios asistió a Elías en su depresión, primero le proveyó alimento para que su fuerza física y emocional fuera restablecida. Segundo, un ángel lo tocó haciéndole ver que no estaba solo y finalmente, en dos ocasiones, Dios instó a Elías a descansar.

A continuación veamos cuatro pasos a dar para poder recuperarnos de un estado de ánimo depresivo:

- Mantengamos la Biblia como nuestro manual de referencia en todo momento.
- Debemos alimentarnos físicamente, es necesario para mantenernos en buen estado corporal y emocional.
- Busquemos la ayuda de personas confiables que puedan sentarse con uno y escucharnos, compartiendo palabras de aliento en momentos oportunos.
- Debemos dedicar tiempo al descanso y alejarnos de los asuntos que desencadenan el estado de ánimo negativo.

Es en esos momentos que vivir por fe tiene un significado poderoso, debemos aprender a confiar en el Señor, aunque no veamos ni sintamos respuesta alguna. Nos damos cuenta de que vivir en comunión íntima con Dios nos capacita para ver todos los sucesos desde la perspectiva del plan de Dios para nuestras vidas, un proceso de madurez y cuidado.

Hace poco quedé asombrado por las noticias que recibimos de varios compañeros del ministerio que optaron por quitarse la vida debido a que no vieron, ni recibieron apoyo de aquellos a quienes, con esmero y esfuerzo, proveían liderazgo. Los sentimientos de depresión pueden llevar a la persona a alejarse de Dios. Sin embargo otros, como David, se refugian en la esperanza de que Dios acudirá en su ayuda.

«¿Por qué te abates, oh alma mía, y te turbas dentro de mí? Espera en Dios; porque aún he de alabarle, Salvación mía y Dios mío». Salmos 42:5

La realidad es que nuestro llamado es matizado por las promesas maravillosas de nuestro Señor; sin embargo, las pinceladas sorpresivas de la depresión pueden dejar sus marcas en nuestro entorno. Canalizar hábilmente nuestra espera en Dios hermoseará las promesas de Dios a nuestras almas.

CAPÍTULO 3

La pesada carga de la perfección

«La perfección no es alcanzable,
pero al enfocarnos en ella podemos
lograr la excelencia».
—Vince Lombardi

Miraba con admiración el rostro de aquel hombre que, sentado tras el escritorio, ocupaba una de las posiciones de mayor importancia en nuestro país. La serenidad en sus expresiones faciales, la seguridad en sus comentarios al indagar nuestra estrategia de trabajo y su aplomo al contestar nuestras inquietudes, añadieron en mi escala de liderazgo un nivel mayor del que estaba acostumbrado.

Esa mañana, en compañía de la Comisión Especial de Evaluación de la Administración de los Tribunales de Puerto Rico dialogábamos con el Presidente del Tribunal Supremo de Puerto Rico, el honorable Dr. Federico Hernández Denton. Iniciaba una encomienda por parte del Tribunal Supremo para evaluar los procesos de administración de los tribunales de nuestro país. El respeto hacia aquella posición creaba un temor hábilmente escondido entre mis comentarios durante la interacción que sostuvimos.

Aquella distinguida personalidad representaba todo lo relacionado al ejercicio de lo que significa justicia para un pueblo. No observé los tejidos de colores políticos con los cuales acostumbramos a medir a las personas en posiciones de jerarquía como esta; al contrario, vi a un hombre con una pesada carga sobre sus hombros tratando de establecer un equilibrio en medio de las controversias. Repito, sentí admiración y, a la vez, un gran peso espiritual por él, por lo que decidí mantenerlo en mis oraciones.

Somos muy ágiles y eficaces en lo que se refiere a tomar el pincel de nuestras comunicaciones para hacer un cuadro de las personas en posiciones desde nuestro enfoque particular. Con nuestro lente parcializado y no desde la esfera holística que define la posición. Me refiero a la totalidad de los factores que definen una posición de liderazgo en cualquier escenario. Este es un mal que ha afectado a muchos líderes y pastores en sus funciones ministeriales.

Las expectativas de los que ocupan posiciones de liderazgo son, en ocasiones, definidas por aquellos que desean los beneficios que implica ser parte de esa entidad en la cual se requiere el liderazgo. La escala de desempeño se traza al nivel más alto de rendimiento, hasta el punto de desear la perfección en los que ocupan la posición de líder. Cuando nos referimos a la labor del líder, los seguidores tienen la perspectiva de un hombre de poderes, influencias, intachable y al servicio sin reserva. Al no lograrse estas expectativas inalcanzables humanamente, surge la desconfianza, la deslealtad y la crítica hacia la figura que dirige el grupo.

Mi familia se sentía alegre con la noticia de que me aceptaron en la Facultad de Ingeniería en Mayagüez. El hijo mayor había salido muy bien, tanto en la escuela superior como en el examen para entrar en la universidad. Sin embargo, había cierta aprehensión en cuanto a mi partida —por primera vez— del seno del hogar. Nunca me había alejado de mis padres ni para unas vacaciones con otros familiares.

Sin embargo, ese no era el tema de discusión. Todo giraba alrededor de la selección de la profesión, la expectativa de un futuro brillante y el convertirse en experto en eso que se llamaba ingeniería. Para los años cuando me aceptaron en la escuela de ingeniería, desconozco si aún siguen el mismo sistema, todos éramos recibidos en el departamento de ingeniería general; lo que indicaba el comunicado que habíamos recibido.

Ese día del diálogo nos visitaba el esposo de una de mis tías, un comerciante muy exitoso en sus tiempos. Desconocíamos lo que significaba ingeniería general, por lo que él —con su vasto conocimiento y experiencia— procedió a darnos una supuesta respuesta salomónica. La respuesta, en la medida de lo que logro recordar, fue la siguiente: «A su hijo lo han aceptado en un departamento donde le enseñarán todo lo relacionado a la ingeniería, eso quiere decir que su hijo diseñará un edificio y, al hacerlo, él será el responsable de todo lo estructural, lo eléctrico, lo mecánico (que incluye, la plomería), los equipos, en fin, debe dejar funcionando el edificio por completo». Para mí, eso sonaba excitante y a la vez me hacía ver como un «superingeniero».

Recuerdo que en mi adolescencia, cuando me sentaba frente al televisor de mis abuelos paternos, esperaba con ansias la serie más vista en aquel entonces: «Las hazañas del hombre de acero». Veía el contraste que existía entre el hombre sencillo, de apariencia un poco pusilánime, que entraba a una cabina de teléfono y se transformaba en un hombre con poderes sobrehumanos. Siempre ocurría algo una vez que entraba a la cabina de teléfonos. Desaparecían sus espejuelos, su corbata, su traje formal y, ante los ojos de los espectadores asombrados, emergía una figura en rojo y azul surcando los cielos a una velocidad sin precedentes.

Era el hombre perfecto que derrotaba a todos sus enemigos y era admirado por todos los ciudadanos. Como niños teníamos el privilegio de soñar y creer en esas posibilidades, pero la realidad es que no existe tal hombre en la vida cotidiana, ni aun en el liderazgo cristiano o secular como algunos pretenden exigir. Son esas exigencias que llevan a los líderes a enclaustrarse en el pensamiento de que es su deber satisfacer todas las demandas de sus feligreses a la perfección. Nos desvelamos por buscar alternativas, nos esforzamos más allá de nuestras capacidades, ponemos en la segunda fila a nuestras familias y amistades por resolver de inmediato las demandas de los feligreses. Porque la idea de ser el líder perfecto nubla nuestra mente.

Bien recuerdo el consejo que me dio un compañero de trabajo que fue asignado para adiestrarme en una tecnología particular. Me dijo: «William, la gente piensa que yo lo sé todo con respecto a esta tecnología, pero no es así. Sé bastante al respecto, pero hay cosas que no sé y cuando me enfrento a esas cosas que no sé, tomó el teléfono y llamó a alguien que sí sé que sabe sobre ese asunto». La enseñanza era clara, no pretendas tener la capacidad para saberlo todo, pero ten la capacidad para enfrentarte a todo con el apoyo de otros.

No, no me convertí en un superingeniero, pero pude ser exitoso en mis gestiones profesionales. Confieso que fue con la ayuda de muchos otros compañeros que pude lograrlo. El que dirige, o es líder de algún grupo, no es de acero; no salta edificios gigantescos ni tampoco está prácticamente en todas partes a la misma vez. Serle fiel a Dios es lo que se requiere en las responsabilidades a las cuales Él nos ha llamado, «Ahora bien, se requiere de los administradores, que cada uno sea hallado fiel» (1 Corintios 4:2).

No pretendas ser todo para todos, no fuiste diseñado para lidiar con esa carga. La gente te va a exigir que seas un resuélvelo todo, que debes saber de todo y tener una respuesta inmediata para cada pregunta. El hecho de pretender satisfacer todas las expectativas, solo creará en ti un sentimiento de culpa por no estar preparado a la altura para responder en cada instancia. Ni tú ni los que tienes bajo tu responsabilidad deben tener un concepto más alto del que deben tener (Romanos 12:3).

Volvemos a la palabra «perfección», ¿qué es? En el griego *teleios* aparece en varias ocasiones en el Nuevo Testamento, y en la mayoría de los casos significa perfecto. En Mateo 5:48 encontramos: «Sed, pues, vosotros perfectos, como vuestro Padre que está en los cielos es perfecto». ¿Qué significa ser como el Padre? Si analizas las palabras de Jesús, no implica que nunca falles. Lo que Jesús dijo fue que ser igual al Padre o ser perfecto es amar a tus enemigos y hacer oración por aquellos que te persiguen.

¿Qué es realmente lo que exige Dios en este versículo? ¿Es nuestra perfección lo que Dios espera de nosotros? Si este fuera el caso, entonces, ¿cuál sería el nivel de perfección deseado por Dios? No solo encontramos la palabra «perfecto» en el Nuevo Testamento, también hay referencia a un llamado a la perfección a figuras prominentes en el Antiguo Testamento.

En el libro de Génesis encontramos a Dios dándole un mandato a Abraham: «anda delante de mí y sé perfecto»

(17:1). La palabra hebrea *tamim* significa estar completo, sin faltas, sin mancha. Aquí las Escrituras no se refieren a una perfección sin fallas, porque no hay nadie, ni ha existido persona alguna que nunca haya fallado, solamente Jesucristo. Si la Palabra nos enseña que debemos andar en santidad, Abraham y todo creyente deben andar delante de Dios con diligencia buscando la perfección, viviendo con un corazón puro, de un pensamiento íntegro, dedicados al Señor conforme al modelo de Cristo.

Más adelante encontramos al rey Salomón dándole un mandamiento al pueblo: «Sea, pues, perfecto vuestro corazón para con Jehová nuestro Dios, andando en sus estatutos y guardando sus mandamientos, como en el día de hoy» (1 Reyes 8:61). La esperanza del rey era que el pueblo estuviera totalmente comprometido y en obediencia a Dios. Finalmente vemos a Pablo aconsejando a la iglesia de Corinto: «Por lo demás, hermanos, tened gozo, perfeccionaos, consolaos, sed de un mismo sentir, y vivid en paz; y el Dios de paz y de amor estará con vosotros» (2 Corintios 13:11).

> **«Por eso es importante conocer lo que significa "perfección"».**

El concepto de perfección cristiana es muy controversial en nuestros tiempos y lo ha sido por siglos. Por eso es importante conocer lo que significa «perfección» desde la perspectiva de Dios y lo que la perfección cristiana no es. Lo primero que tenemos que reconocer es que perfección no significa tener un conocimiento prodigioso o perfecto. Dios nos creó con la habilidad de procesar información, evaluarla y almacenarla para uso oportuno.

Nuestros cerebros pueden procesar cientos de millones de mensajes en un segundo. Esto se logra a través de billones de células en los nervios que forman trillones de conexiones separadas, cada una capaz de manejar información singular. La manera en que usemos la capacidad de nuestro cerebro es el reto que tenemos, la capacidad de este es ilimitada de acuerdo a nuestra habilidad para usarla. Sin embargo, las expectativas no son el desarrollo de un conocimiento perfecto. Mientras seamos humanos siempre existirá la falta de conocimiento perfecto. Nosotros no podemos tener un conocimiento perfecto con respecto a los caminos de Dios, ni de cómo enfrentar los retos de la vida, ni de los acontecimientos futuros, ni aun una compresión o entendimiento de todas las Escrituras. Pero tener falta de entendimiento no inválida el mandato que nos ordena ser perfectos, Dios no está esperando perfección de conocimiento.

Segundo, el estado de perfección que se le requiere al creyente no es una condición libre de errores. Nuestra naturaleza humana maleada por el pecado, se inclina a cometer errores en todo lo que hacemos, en las decisiones que tomamos y hasta podemos llegar a perder el sentido común. Aun creyentes que podríamos considerar como maduros en el evangelio, cometen acciones de las que luego han de arrepentirse, malinterpretarán hechos y detalles, sin embargo, esto no se relaciona con la salvación. Las flaquezas humanas siempre saldrán a relucir en nuestras interacciones.

Tercero, la perfección cristiana no implica estar libre de tentaciones, si ese fuera el caso, ¿cómo explicaríamos la tentación que sufrió Jesús —que, ciertamente fue perfecto— en el desierto con Satanás? Tenemos que reconocer que la tentación en sí no es pecado y no se convertirá en pecado hasta que le permitas entrar a tus pensamientos y la proceses dándole la bienvenida.

Finalmente, la perfección del cristiano no es absoluta, solo Dios en su naturaleza es perfecto en todo. Él posee un conocimiento perfecto y en Él no existen debilidades ni flaquezas. Solo a Dios se le puede atribuir que no comete errores. La lógica nos indica que Dios no demandará de los seres humanos este tipo de perfección.

¿Estás preocupado porque sientes que no puedes alcanzar la perfección de acuerdo a tu criterio? Fueron muchas las veces que me sentía miserable por no estar a la altura que deseaba para impresionar a Dios y a la iglesia con mi grado de perfección. Fueron largas las noches de oración y los días de ayuno que hice con el fin de lograr que ese nivel sobresaliera en mi vida. Pero, siempre llegaba al mismo punto, un simple ser humano con debilidades y flaquezas a quien Dios en su misericordia llamó para serle fiel.

Dios no nos ha llamado a ser exitosos, a lo que nos llamó es a serle fiel. Esas fueron las palabras de la madre Teresa de Calcuta cuando una visitante cuestionó su esfuerzo ante tanta necesidad, sugiriéndole que era un fracaso. No importa los resultados que obtienes en tu ministerio, si estás en la voluntad de Dios, son eventos y ocurrencias que tienen un propósito en el proceso de Dios para ti.

A la Segunda Carta de Pablo a Timoteo se le ha llamado el canto del cisne, porque al final de la jornada, cuando el cisne muere emite un cántico lastimero que anuncia su partida. Así Pablo, el apóstol a los gentiles, presagiaba su muerte con esta última carta. En ella refleja la urgencia por declarar los temas importantes de un líder ya entrado en edad y cansado. Había estado ante la presencia del emperador Nerón, todos lo habían abandonado y ya sentía la proximidad de su partida. Sin embargo, estaba lleno de esperanza, pero no con esta vida presente sino con la venidera.

¿Había fracasado Pablo en su encomienda debido a la condición en que se encontraba? El encargo que Pablo hizo a Timoteo es muy directo, no da margen a preguntas como ¿Qué debo hacer? ¿Dónde debo iniciar? ¿A qué me ha llamado el Señor? El encargo tiene bien definido el rumbo. Predica la palabra o anuncia el mensaje de Dios y hazlo como un estilo de vida, siempre siendo un modelo de cómo se debe vivir en Cristo. Fue la actitud de un vencedor. No hay duda de que el apóstol había alcanzado la perfección ministerial de acuerdo con la escala de Dios.

La escala de Dios para tu perfección será una revelación del mismo Señor a tu vida a medida que progreses en tu jornada ministerial. No permitas que nadie, ni nada defina tu nivel de perfección. Durante mi caminar por la senda del liderazgo he seguido consejos que me han ayudado a sobrellevar esa carga de tratar de ser perfecto. Primero, no te encierres en tu propia opinión, busca consejos procedentes de fuentes confiables y con experiencia. Sigue instruyéndote en la Palabra de Dios y en todos los asuntos necesarios para proveer fortaleza y dirección a aquellos a los cuales tienes que dirigir. Finalmente, que tu esfuerzo diario sea el imitar a Cristo en tu trabajo. Recordando siempre que es a Dios a quien —en definitiva— le responderás por tu vida de consagración.

CAPÍTULO 4

La amenaza de los prejuicios

«Jamás se desvía uno tan lejos como
cuando cree conocer el camino».
—Proverbio chino

E ra la cuarta vez que leía aquella carta que había llegado a mis manos luego de haber circulado a todo el cuerpo ministerial de nuestra organización. Me detenía en cada párrafo para poder entender las motivaciones de cada declaración sobre mi rendimiento en mis funciones presidenciales y del curso al cual, supuestamente, llevaba la organización bajo mi liderato. Mi espíritu se compungía dentro de mí y mis pensamientos de incredulidad sobre las expresiones hechas en ella no dejaban de sumergirme en angustia y desesperación.

¿Cómo podía alguien, dentro del orden ministerial, imitar la conducta de personas que ante la falta de habilidad para hacer prevalecer sus ideas y sus motivaciones en el cuerpo establecido como asamblea, usaban el camino de los que no tienen evidencia ni el valor para expresarlo de frente? Deseaba investigar quién había escrito tales aseveraciones y sus motivaciones para hacerlo, ¿le había yo ofendido en algún momento? Deseaba interrogar a la persona y defender las decisiones tomadas como presidente. Sin embargo, un silencio cubría la escena de los hechos. Muy hábilmente había cubierto cualquier rastro que nos condujera al autor o autora de aquella desconsiderada e injusta carta que transcendía nuestra región.

En medio de esa turbulencia de emociones negativas, que inundaron mi mente, surgió una tenue luz que me hizo recordar un incidente parecido como líder de una corporación y la manera en que lo había resuelto. Casi veinte años antes, me desempeñaba como gerente de una planta de productos farmacéuticos. La alta gerencia me había dado la oportunidad de dirigir una pequeña planta en el oeste de nuestro país.

En medio de mi motivación como líder, dirigía los esfuerzos en pro del mejoramiento de las operaciones en todas las áreas de la planta. Sin embargo, como los cambios no son aceptados por todos y ven sus posiciones amenazadas al no poder estar al nivel de las nuevas expectativas, reaccionan con incomodidad e incredulidad ante ellos. Todo ello resulta en insatisfacción, prejuicios y, por ende, en rebeldía.

Recuerdo haber recibido una llamada de mi supervisor inmediato para que estuviera atento a una carta que iba a recibir a través del fax. Me dijo que lo llamara tan pronto la leyera y la analizara. Para mi sorpresa la carta había sido enviada por un empleado de nuestra planta a las oficinas del ejecutivo principal de la compañía. Eso era tres niveles más arriba de mi posición. Sentí que me derretí en mi asiento mientras la leía, pensé que mis días como gerente de aquella planta estaban contados.

Luego de varias horas digiriendo aquella misiva y explorando con los gerentes si sabían de aquella acción, decidí llamar a mi supervisor. Sus palabras fueron clave para que mi sistema nervioso no colapsara, me dijo: «William, no te preocupes por la carta». ¿Por qué no habría de preocuparme si hasta el ejecutivo estaba enterado de unos asuntos que, aun cuando no eran correctos, afectaban el esfuerzo de nuestra gente y el mío en la planta? El supervisor continuó con su consejo, el cual considero que Dios puso en sus labios para darme confianza y poder superar aquel golpe bajo. «William, no eres el primero al que le ocurre esto —me dijo— y no será la última vez que te ocurra, pero quiero que sepas algo, yo también he recibido cartas como esas, pero —al igual que cada uno de los jefes— entendemos y me han dicho que te diga que no te preocupes, porque si una persona no tiene la valentía de identificarse y envía comunicados anónimos, no merece que se le crea lo que dice».

Ese diálogo con mi jefe inmediato me hizo sentir que algunas personas —con malas intenciones— se levantarán para socavar tus esfuerzos por ayudar a mejorar el trabajo asignado bajo tu responsabilidad. Así que acepté los consejos y simplemente ignoré aquella carta. Sin embargo, eso hizo que adoptara una actitud más sensible y cuidadosa al interaccionar con aquellos que dirigía.

Ahora, en mi posición de presidente de la iglesia, tenía que seguir el mismo consejo, hacer lo que creía que era lo mejor para la organización sin afectar mis emociones por un escrito anónimo, que hasta el día de hoy no sé ni es relevante saber quién lo escribió. El que es llamado por Dios tiene que mantenerse dentro del marco de la voluntad absoluta de Dios, dejando que sea la consciencia, alimentada por la Palabra de Dios, la que nos asesore en las decisiones a tomar.

No permitas nunca que tus sentimientos y tus emociones sean afectados por comentarios o escritos cuyos autores no

tienen la más mínima convicción de lo que están comunican-
do. La inseguridad, la mentira, las ideas infundadas, todo
eso que carece de evidencias para sostenerse, es el arma de
los que no tienen razón; por lo que prefieren mantenerse en
la oscuridad.

Prejuicio es una opinión preconcebida, casi siempre negativa, en cuanto a algo o a alguien. Es una respuesta emocional basada en el temor, la desconfianza y la ignorancia.
Su enfoque es en aquellos que no comparten ideas o comportamientos similares a las expectativas del grupo con el
cual se relacionan. En ocasiones, las personas con prejuicios
tienen un concepto más alto de sí que el que deben tener
(Romanos 12:3). Este sentimiento negativo crea en quienes
lo albergan, el aislamiento y la negatividad, lo que los lleva
—muchas veces— a involucrarse en actividades poco éticas.

El prejuicio en la iglesia o dirigido al liderato de la misma manera, hace que todo el cuerpo sea afectado en forma negativa. El apóstol Pablo escribió: «Porque así como
el cuerpo es uno, y tiene muchos miembros, pero todos los
miembros del cuerpo siendo muchos, son un solo cuerpo,
así también Cristo» (1 Corintios 12:12). El prejuicio causa división y falta de armonía entre los componentes del
grupo. Dios no se parcializa ni hace acepción de personas
(2 Crónicas 19:7; Romanos 2:11).

Una de las confrontaciones más dramáticas en los evan-
gelios fue la de Jesús y Natanael. Este era un hombre de
prejuicios y sentimientos fuertes; un individuo que había
perdido la esperanza, por lo que fue difícil llevarlo a Cristo. Sin embargo, su amigo Felipe persistió y rehusó dejar
de testificarle. Natanael respondió en forma negativa, con
incredulidad, con espíritu de contrariedad. No lo aceptaba,

ni creía en el Señor. Aparentemente había seguido a tanta gente, tantas voces, que había perdido la esperanza. Muchos han prometido tanto, que dejan a las personas vacías y en busca de algo. ¿Por qué seguir ahora a otra voz?

El prejuicio no toma en cuenta nuestras debilidades, nuestros errores ni el lugar de donde somos. Pedro se dio cuenta de eso cuando entendió que Dios no albergaba prejuicios contra nadie, ni mostraba parcialidad ni discriminaba a nadie (Hechos 10:34, 35). Felipe no discutió con Natanael, solo le dijo: «Ven y ve». Los judíos estaban prejuiciados con Galilea, cualquier contacto con ella era inmundo, comercialmente tocada por los gentiles. Galilea era despreciada por los romanos porque sus ciudadanos eran gentes conquistadas.

Sin embargo, Jesús no se dejó llevar por los pensamientos preconcebidos que Natanael tenía acerca de Él. Jesús conocía sus creencias y también su carácter y sus prejuicios. Natanael no escondía lo que pensaba; decía lo que pensaba y actuaba por lo que sentía. Jesús conocía lo más profundo de Natanael, todas las cosas acerca de él. Nada se escapa al ojo de Dios, ni un simple pensamiento.

Eso nos da seguridad, Jesús puede ayudarnos dando propósito y dirección a nuestras vidas, a pesar de los ambientes creados por personas que toman decisiones sin fundamentos ni evidencias alguna. Personas que se la pasan prejuzgando, creando sentimientos de inseguridad y desmotivación en otros. Como líderes, es nuestro deber conocer cómo lidiar con ambientes en los que surgen los prejuicios. Jesús nos dio ejemplo en cuanto a cómo tratar con aquellos que eran diferentes a Él.

Otro caso bíblico de prejuicio fue el de Jefté, en Jueces 11. «Pero la mujer de Galaad le dio hijos, los cuales cuando crecieron, echaron fuera a Jefté, diciéndole: No heredarás en la casa de nuestro padre, porque eres hijo de otra mujer» (v. 2). ¿Qué culpa tenía Jefté de las acciones de su padre con una prostituta? Sin embargo, el prejuicio de sus hermanos lo llevaron a que se sintiera rechazado, inferior y como un forajido en su tierra.

Al surgir el prejuicio, no pienses que debes condenar al que es diferente o que no comparte nuestras ideas u objetivos; ayudarlos a entender las diferencias que existen es lo que precisamente nos hace más fuerte como creyentes u organización. A medida que el amor de Dios fluye en nosotros somos atraídos en unidad como un cuerpo. Nuestra relación debe estar fundamentada en las enseñanzas bíblicas y no en las humanas preferencias egoístas que nos llevan al conflicto, a la venganza y a la satisfacción personal.

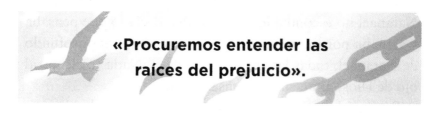

«Procuremos entender las raíces del prejuicio».

Procuremos entender las raíces del prejuicio. Conocer el trasfondo de los miembros del grupo ayuda a identificar las experiencias y los eventos que los marcaron en forma negativa. La expresión de su prejuicio es consecuencia de ese momento que pasaron en su vida. Quizás fueron educados por un padre que albergaba prejuicios y fue transmitido a ellos. La unidad en Cristo es una fuerza que derrumba paredes de prejuicios: «Cristo es el todo, y en todos» (Colosenses 3:11).

Mostremos sensibilidad y empatía para comenzar un proceso de sanidad interior en aquellos que muestran ese comportamiento. No es sencillo cambiar las actitudes y las creencias que están arraigadas en el corazón y la mente de esas personas. Pero a medida que examinamos sus creencias y son compartidas, el cambio comenzará a ocurrir. Aquellos que desean un cambio, pueden hallarlo en la Palabra de Dios, la fuente de recursos para lograr una mente renovada; y en el Espíritu Santo, que los ayudará a eliminar los prejuicios que son la causa de su comportamiento no deseado.

En sus escritos, el apóstol Pablo nos aconseja cómo debe ser nuestra relación: Amaos con amor fraternal (Romanos 12:10), sigamos a lo que contribuye a la paz y a la mutua edificación (Romanos 14:19), sed benignos unos con otros, misericordiosos, perdonándoos unos a otros (Efesios 4:32), soportándoos unos a otros, y perdonándoos unos a otros (Colosenses 3:13).

Si hubiera dejado que los prejuicios plasmados en aquella carta guiaran mis decisiones, considero que mis estrategias y planes de acción no habrían obtenido los logros alcanzados. Dar lugar a los prejuicios nublará tu habilidad para actuar en forma justa, causando laceraciones emocionales, tanto para el que origina el sentimiento como para el que recibe los efectos de este. Seamos justos y misericordiosos en nuestras apreciaciones tomando en consideración todos los elementos necesarios para el bien de todos los involucrados.

CAPÍTULO 5

Cuando las decisiones a tomar desorientan

«A fin de que sepáis el camino por donde
habéis de ir; por cuanto vosotros no habéis
pasado antes de ahora por este camino».
—Josué 3:4

Un domingo en la tarde me encontraba descansando, después de asistir al compromiso de compartir la Palabra de Dios ese día, cuando recibí una llamada. Era el gobernador de nuestro país que solicitaba mi presencia junto a otros líderes en La Fortaleza —la residencia del gobernante—, ya que tenía que tomar una decisión. Como presidente de la Fraternidad de Pastores Pentecostales en mi país, era considerado para asesorar en asuntos relacionados con la moral.

Debido a la premura del asunto, solo pude contactar a dos compañeros ministros que me acompañaron a La Fortaleza ese domingo. El primer ejecutivo tenía que decidir acerca de la legalización de los juegos de video y necesitaba ver todas las perspectivas antes de firmar o no el proyecto.

Antes de la toma de decisiones cada líder debe explorar todas las vertientes que pueden afectarse con la misma. Tomar una decisión con solo la perspectiva de un grupo que presione por intereses personales solo dejará al descubierto la incapacidad del líder para beneficiar a un todo de la organización versus un grupo reducido.

La toma de decisiones puede ser nociva para algunas personas. Las decisiones del pasado que resultaron en un desastre o no lograron su propósito pueden llevar a la procrastinación (postergar o posponer). Sin embargo, nuestra estrategia debe ser consultar a Dios antes de establecer el curso de acción.

La narración en el libro de Josué con los gabaonitas es uno de esos momentos embarazosos para un líder que tomó una decisión sin considerar todos los elementos necesarios, principalmente el impacto espiritual. Vivimos en un mundo lleno de mentiras y engaños. Constantemente enfrentaremos enemigos que con astucia querrán aprovecharse de nuestro liderato y de los propósitos de Dios para nuestras vidas. Las exageraciones y las medias verdades abundan en las conversaciones de personas con interés particulares.

Pero ¿cómo estar seguro al elegir una alternativa? ¿Qué debo hacer? ¿Cómo puedo enfrentar el reto? Ante una oportunidad así, ¿cómo reacciono? Estas son algunas preguntas que surcan nuestras mentes en los momentos en que tenemos que tomar decisiones. La belleza en el cristianismo es que la fuente para toda respuesta la tenemos en la Biblia. Precisamente se nos narra que en un momento de la vida de cierto hombre, este hizo una introspección, planteándose preguntas similares.

El joven Salomón, al responder al pedido de Dios, le hizo ver su enorme inquietud por la capacidad que requería el hecho de tomar decisiones. «¿Quién podrá gobernar este tu pueblo tan grande?» (1 Reyes 3:9).

¿Será una falta o debilidad que, cuando se toma una decisión, se pida dirección o asesoramiento para llevar a cabo sus funciones como líder? La respuesta la encontramos en el versículo que sigue (10), «y agradó delante del Señor que Salomón pidiese esto».

El proceso de la toma de decisiones puede crear estrés y hasta frustración en el líder que está constantemente bajo la presión de grupos con distintos puntos de vista. Este proceso requiere experiencia, conocimiento y haber sido expuesto a momentos difíciles en los que haya tenido que responder por esas decisiones. También es necesario reconocer cuando nos sentimos incapaces para tomar una decisión. El hecho de estar consciente te llevará a acudir en busca de ayuda, de asesoramiento, a fuentes que sí tengan el conocimiento y la experiencia; y, sobre todo, la sabiduría en Dios.

Dios no desea que seamos víctimas de esos engaños y medias verdades. Su deseo es que confiemos en Él en cuanto a toda decisión que tengamos que hacer, pidiéndole dirección para poder rendir en forma adecuada con la tarea designada por Él. No es su propósito que caigamos en la trampa de hacer compromisos con personas que mienten y engañan, ni que aportemos dinero a organizaciones corruptas y que hacen mal uso del peculio que se coloca en sus manos. Tampoco desea que sigamos organizaciones o movimientos falsos, ya sean religiosos o seculares.

La práctica de dar nuestra lealtad a ministros falsos y movimientos de dudosa reputación afecta nuestra relación con el Dios verdadero. En vez de buscar la cobertura de hombres y ministerios, debemos estar cubiertos con la unción del Espíritu Santo de Dios. Es lamentable encontrar líderes que expresan con aire de orgullo que su cobertura viene de fulano o zutano. Considero que honrar a hombres de Dios es bueno y debemos hacerlo, pero no debemos tener de ellos un concepto más alto que el que Dios les ha dado como siervos y no amos.

Dios desea que nuestras decisiones sean resguardadas de mentiras, de engaños, de las malas intenciones, de ser derrotadas y destruidas. Solo existe una forma de lograr esto, buscando la dirección de Dios y pidiéndole sabiduría, como afirma el apóstol Santiago: «Y si alguno de vosotros tiene falta de sabiduría, pídala a Dios, el cual da a todos abundantemente y sin reproche, y le será dada» (Santiago 1:5). «Una sabiduría que es pura, pacífica, amable, benigna, llena de misericordia y de buenos frutos, sin incertidumbre ni hipocresía» (Santiago 3:17).

Las decisiones a tomar sin este ingrediente, ciertamente crearán una carga sobre los hombros de aquellos que están para dirigir la grey del Señor a pastos verdes y aguas saludables. Pero ¿cómo podemos conocer que consideramos a Dios en nuestras decisiones? Nuestra fe y nuestras acciones deben ir de la mano. No es buena práctica tomar decisiones a la ligera, pero tampoco procrastinar; mejor es actuar, leyendo las Escrituras y orando, buscando el consejo de Dios. Eso fue lo que les faltó a Josué y a sus líderes. Actuaron con rapidez y sin consultar a Dios.

Recuerdo el diálogo que tuve con un amigo pastor, escuchaba su narración con asombro y, hasta cierto punto, con lástima. Había tomado la decisión de iniciar un proyecto millonario, la construcción de un gran templo. No tomó en cuenta los detalles del proceso de la toma de decisión al respecto, solo consideró los resultados. El templo era impresionante con más capacidad que lo que posiblemente necesitaría en una década, sin ser pesimista sino realista. Sin embargo, el desgaste físico y emocional fue devastador para él y su familia, al punto que tuvo que tomar un descanso sabático.

Creo en emprender grandes cosas para Dios, pero antes de iniciar una aventura así debemos sentir que estamos siguiendo la voluntad de Dios. Es su voluntad la que nos va a llevar a través de un proceso en el que tendremos paz al iniciarlo, desarrollarlo y terminarlo. Las enfermedades cardiacas, en muchas ocasiones, se deben a las decisiones erradas que tomamos.

Cuando sentimos paz en las decisiones que tomamos, podemos recibir eso como confirmación de Dios. Esa paz será la revelación de que Dios está con nosotros y que estamos caminando en su voluntad. Si no sentimos esa paz, hay una alta probabilidad de que Dios no esté en el asunto, por lo que debemos regresar a las rodillas buscando su instrucción. No hay duda de que a Dios le interesa que tus decisiones sean las adecuadas para beneficio de los demás pero, sobre todo, para que Él sea glorificado.

En mis años en que me desempeñaba como gerente de ingeniería, fui asignado a viajar a Alemania para hacerle la inspección final a una máquina que habíamos comprado para uno de nuestros procesos. Nunca había viajado a ese país ni tampoco conocía el idioma. Solo me enseñaron a pronunciar el nombre del lugar donde estaban los trenes. Así que al llegar al aeropuerto y tomar el vehículo que me transportaría, pronuncié la única palabra en alemán que sabía y llegué a la estación de trenes. Hasta ese momento todo iba bien, sin embargo, cuando llegué a la estación de trenes, la confusión cubrió todo mi rostro. Eran muchísimas vías de trenes y yo no entendía las instrucciones en las carteleras informativas.

¿Cómo abordaba el tren que me llevara a la ciudad de Elms? Mientras oraba a Dios por dirección, una dama con un Nuevo Testamento y que apenas hablaba algunas palabras en inglés me quitó el boleto de la mano y me condujo a la línea correcta. Se despidió y siguió su camino. El asunto era que tenía que tomar otra conexión para llegar a mi destino y me preguntaba en qué estación tenía que bajarme. Un anciano que me observaba, por alguna razón, se interesó en mí y me pidió el boleto para ver cuál era mi destino.

Todo eso ocurría sin que yo pudiera añadir algún argumento o que mediara alguna conversación entre esas personas y yo. Al llegar a una estación, el anciano agarró mi mano con firmeza y rápidamente me condujo al segundo nivel, me indicó el tren que debía tomar e inmediatamente bajó para seguir su camino en el tren que nos había llevado a aquel lugar. De ahí llegué a mi destino, Elms, donde me reuní con mi compañero de trabajo para realizar la tarea.

«Las decisiones que tomamos suelen traer consigo diversos niveles de riesgo».

Las decisiones que tomamos suelen traer consigo diversos niveles de riesgo, que crean ansiedad y estrés. Es por eso que los líderes cristianos deben estar bien fundamentados en cuanto a recibir la dirección de Dios cuando de decisiones se trate. La experiencia de mi viaje a Elms, Alemania, me llevó a concluir que en un caso en el que no tenía injerencia en las decisiones que se tomaban por desconocer el país y el idioma, mi Dios tenía el control de todo y se encargó de hacer su voluntad en mi vida para mi bien.

Cuando estemos por tomar decisiones que puedan causar desorientación por lo desconocido del asunto, es importante seguir los siguientes pasos. Primero, debemos tener la certeza de que Dios nos revelará su voluntad. Dios nos hablará a través de su palabra, de sus siervos y a través de la oración. Segundo, hay ocasiones en las que tenemos que esperar, no tomar una decisión en el momento puede ser la alternativa correcta. El tiempo para reflexionar sobre el asunto puede que sea de suma importancia para llegar a la determinación correcta. Pero, mientras esperas, hay que persistir en oración buscando la voluntad de Dios.

Lo siguiente que debes hacer es analizar si has tenido que tomar otras resoluciones en situaciones parecidas, ¿cuáles fueron los resultados?, ¿observaste a Dios dirigirte en tu iniciativa en ese momento? Saca provecho de las experiencias en las que Dios te reveló su voluntad y la posición tomada condujo a la solución correcta. Luego es importante evaluar algunas opciones viables para el asunto en perspectiva, ¿existen opciones que estén lejos de la voluntad de Dios por ser ilegales o inmorales?

La oración debe permear a través de todo el proceso de la toma de decisiones. Si es necesario, busca el consejo sabio de personas con madurez y experiencia en situaciones parecidas. Hazlo sin vacilar. Finalmente, toma la decisión y ten la convicción de que es la voluntad de Dios. Después de buscar la dirección de Dios con humildad, Josué estaba seguro de que Dios —en su voluntad— lo guio a tomar la decisión correcta con respecto a los gabaonitas.

CAPÍTULO 6

Madrúgale a la ansiedad

«Por nada estéis afanosos».
—Filipenses 4:6a

E ran aproximadamente las cuatro de la mañana cuando fui interrumpido en mi sueño por el sonido del teléfono. Era mi costumbre ir de camino a la oficina muy temprano, en las primeras horas del día. Pero en esta ocasión, como me despertaron, me sentí confundido y temiendo que hubiera ocurrido alguna situación inesperada en la familia. Al contestar, me respondió el gerente del tercer turno de la compañía para la cual trabajaba. Capté la desesperación en su voz y, a la vez, la urgencia en comunicarse conmigo.

¿Qué hacer con aquella noticia tan impactante para las operaciones de la planta de productos farmacéuticos que dirigía en ese tiempo? Pensamientos diversos pasaron por mi mente. Emociones como la desesperación, la angustia y la incertidumbre aumentaban la tormenta que crecía en mi interior. ¿Qué, cuándo, porqué, cómo...? Y lo peor era que no tenía respuesta a ninguna de ellas.

¿Salgo hacia la planta para tratar de establecer un plan de emergencia? ¿Cómo enfoco la situación? ¿Estarán en riesgo los empleos de los trabajadores? Eran muchos los pensamientos que entraban y salían en mi agitada mente sin poder responder a ellos. Acudí al que tenía todas las respuestas y, en oración, le dije: «Señor, tú puedes lidiar con esta situación, guía mis pensamientos a puerto seguro en medio de esta tormenta de emociones que solo me desestabilizan y pretenden afligir mi espíritu».

Una paz maravillosa inundó mi ser, había recibido la respuesta: «Yo tengo el control, haz lo que sueles hacer». Así que me tomé el tiempo y me dirigí a la planta como solía hacerlo todos los días, sabiendo que el que me había dado aquella oportunidad para dirigir esa empresa seguía al control de mi vida y que su mano estaba en acción. Al llegar sentí nuevamente el peso de aquella situación inusual. El gerente me recibió al entrar a la oficina. Nunca había visto un rostro tan pálido y temeroso como ese en aquel momento; sudaba y temblaba mientras me informaba acerca de la situación con voz temblorosa y entrecortada.

No era para menos, había ocurrido un corto circuito que causó un fuego en el cuarto principal, donde estaba localizada la línea de producción de mayor actividad e importancia de la compañía, millones de unidades salían de esa línea para todas partes del mundo. El fuego había inutilizado la misma, gracias a Dios que nadie sufrió percance alguno. En aquel momento observé, sin mostrar ninguna emoción que le fuera a crear una mayor carga a los empleados, todo aquel escenario; pero, créeme, tener que informar este incidente a mi superior en Estados Unidos y que se enterara hasta el ejecutivo principal, no era algo fácil de procesar.

En sucesos como ese es que tenemos que reconocer que nuestros sistemas humanos no están diseñados para absorber el peso que causan las situaciones extraordinarias nunca vividas. Nuestro cerebro trasmite los datos observados al sistema nervioso y este a su vez comienza a enviar las comunicaciones propias a todos los órganos. Se agita el corazón, la presión causa una sobrecarga en la parte superior de nuestro cuerpo, la cabeza, surgiendo el malestar que sigue su progresión hasta el sistema digestivo. De ahí, a la depresión y la ansiedad es solo un paso.

La ansiedad es causante de la pérdida de interés, el deseo de renunciar y hasta una negación al llamado de Dios en aquellos que están en posiciones de liderazgo. Analicemos este enemigo del ser humano que Dios ha escogido para traer alimento a otros precisamente bajo los efectos de este mal.

La palabra ansiedad viene del vocablo griego que significa «tener una mente dividida»; es decir, alguien cuyos pensamientos no están firmes en su mente; alguien que anda indeciso, preocupado, vacilante entre un pensamiento y otro. Al no poder canalizar sus pensamientos en forma adecuada, carece de control sobre su actitud y su comportamiento. Es por eso que la palabra nos aconseja: «Echando toda vuestra ansiedad sobre él» (1 Pedro 5:7).

La ansiedad trae consigo sentimientos de angustia y preocupación. La condición actual de la sociedad produce grandes dosis de intranquilidad. La Biblia nos presenta cuadros en los que los personajes expresaban el sentimiento de angustia. El rey David exclamó: «¿Hasta cuándo pondré consejos en mi alma? ¿Con tristeza en mi corazón cada día?» (Salmos 13:2). La clave para combatir la zozobra es contarle a Dios tu inquietud, eso fue lo que ayudó a David a enfrentar la situación y seguir adelante (Salmos 62:8). Dios se interesa por nosotros y provee los medios a través de la oración para que nos desahoguemos.

La preocupación puede surgir por varias razones. Por ejemplo, hay personas a las que los errores del pasado les producen una agitación emocional tal que las llevan a la congoja; a otros es el temor al futuro lo que más les preocupa, lo cual hace que surjan sentimientos que —a su vez— descontrolan sus emociones. Por otra parte, los compromisos financieros pueden exacerbar los pensamientos a tal punto que frustran a las personas, causándoles gran pesar.

El apóstol Pablo nos dice que «si alguno está en Cristo nueva criatura es, las cosas viejas pasaron» (2 Corintios 5:17); sin embargo, hay creyentes que no pueden dejar el pasado atrás, acarrean el dolor que experimentaron alguna vez como si fuera una reliquia. Por tanto, debemos cambiar nuestro estilo de vida y confiar más en la misericordia de Dios. El perdón de Dios cubre nuestros errores del pasado.

Otros viven inquietos por el futuro, desesperados por saber qué les depara; a ellos Jesús les dijo: «No os afanéis por vuestra vida, qué habéis de comer o qué habéis de beber; ni por vuestro cuerpo, qué habéis de vestir. ¿No es la vida más que el alimento, y el cuerpo más que el vestido? Así que, no os afanéis por el día de mañana, porque el día de mañana traerá su afán. Basta a cada día su propio mal» (Mateo 6:25, 34).

Evitemos pensar qué podrá ocurrir en el mañana, concentrémonos en el reto que el día de hoy nos presenta y sigamos el consejo bíblico. Perder el tiempo preocupados por el futuro puede nublar nuestra razón de ser en el presente y afectar la toma de decisiones que nos urgen.

A fin de cuentas, uno de los grandes promotores que generan las emociones angustiosas son los compromisos económicos. La codicia y la avaricia son sentimientos que llevan a una actitud de desagrado con lo que tenemos y al deseo de obtener más. Debemos aprender a estar satisfechos, esa es una actitud que agrada a Dios. Las Escrituras aconsejan en Hebreos 13:5: «Sean vuestras costumbres sin avaricia, contentos con lo que tenéis ahora; porque él dijo: No te desampararé, ni te dejaré».

El salmista dijo: «Jehová es tu guardador; Jehová es tu sombra a tu mano derecha» (Salmos 121:5). La realidad es que tenemos a nuestro favor el poder más fuerte que existe, al Creador del universo. Cuando creemos en Jesús, Él nos guarda y nos guía con el fin de que todas las cosas obren para el bien nuestro.

En Deuteronomio 31:6 se nos exhorta a depositar nuestra confianza en Dios, a confiar en que no nos abandonará; claro, si le damos el primer lugar en nuestra vida a Él: «Esforzaos y cobrad ánimo; no temáis, ni tengáis miedo de ellos, porque Jehová tu Dios es el que va contigo; no te dejará, ni te desamparará».

La Biblia nos habla de algunos personajes que pasaron a través de ese valle de la ansiedad, como por ejemplo David, Jeremías y Jacob. En Génesis 32:1-7 encontramos a Jacob bajo la influencia de la ansiedad, a tal punto que sus pensamientos lo confundieron: «¿Y si mi hermano me ataca, me despoja y me mata? ¿Qué pasará con mis esposas y mis hijos?». ¿Cuántos otros pensamientos abrumaron la mente de Jacob? Él se preocupaba mucho por su futuro pensando en lo que podía suceder luego. Su mente estaba cautivada por la ansiedad.

No oculto el hecho de que el fuego que se desencadenó en la compañía que dirigía lo que me llevó a cuestionar mi futuro en la empresa como gerente general y presidente de la misma. Pero Dios hizo algo, no permitió que la preocupación y la ansiedad dominaran, mis pensamientos. Nosotros no controlamos el futuro, por tanto, no debemos preocuparnos por el mismo al punto que nos impida disfrutar el presente. Hay una aseveración que se le adscribe a Martín Lutero, que dice: «Tú no puedes impedir que los pájaros vuelen sobre tu cabeza, pero puedes impedir que hagan un nido sobre ella».

Es la voluntad de Dios que confiemos de manera absoluta en Él en lo referente a situaciones como esas, echando sobre Él nuestra ansiedad. Dios no te quiere andando en temor, con miedo ni preocupado. Dios te quiere confiando en Él y expresando tu confianza en su voluntad. Descansa en el Señor y deja que Él se ocupe de guiar tus pasos a través de todo el proceso en que te encuentras.

Dios, en seis ocasiones le promete un hijo al patriarca Abraham (Génesis 12:16; 15:5; 17:16; 18:10; 21:23; 22:17). Sin embargo, pasan décadas y el hijo no llega. Todo ese tiempo Abraham vive en una ansiosa espera, la soledad comienza a afectarle, su corazón inicia un proceso de declive en su fe. Tiene que sufrir con pena la separación de su sobrino Lot. A pesar de las campañas victoriosas que emprendió contra cuatro reyes, del aumento de las riquezas y de la servidumbre que poseía, su corazón comienza a flaquear en la fe y la angustia va ganando terreno día a día.

Llega un momento en que la fe de Abraham se encuentra a punto de desfallecer por completo. Por lo que, en medio de esa condición de desánimo, se queja ante Dios: «Señor Jehová, ¿Qué me darás, siendo así que ando sin hijo, y el mayordomo de mi casa es ese damasceno Eliezer? Mira que no me has dado prole, y he aquí que será mi heredero un esclavo nacido en mi casa». Dios le responde reafirmando la promesa: «No te heredará este, sino un hijo tuyo será el que te heredará». Sin embargo, la fe de Abraham ante los efectos de la angustia cae en una crisis tal que duda de esa promesa: «Entonces Abraham se postró sobre su rostro, y se rio, y dijo en su corazón: ¿A hombre de cien años ha de nacer hijo? ¿Y Sara, ya de noventa años, ha de concebir?» (Génesis 17:17).

Dios saca a Abraham fuera de la tienda de campaña a contemplar el cielo estrellado y le dice: «Mira ahora los cielos, y cuenta las estrellas, si las puedes contar. Y le dijo: Así será tu descendencia» (Génesis 15:5). En nuestra más oscura noche, representada en lo numeroso de las estrellas, Dios traerá a nuestra vista la inmensidad de su misericordia. Dios siempre acude en nuestra ayuda en esos momentos cuando nuestra fe parece desfallecer.

Para poder vencer la angustia debes combatir los pensamientos negativos y las mentiras con la verdad de las Escrituras. Enfócate más en el carácter de Dios y menos en el temor. El profeta Isaías nos da una respuesta a esta condición, al decirnos: «Tú guardarás en completa paz a aquel cuyo pensamiento en ti persevera; porque en ti ha confiado» (Isaías 26:3). De la única manera que podrás combatir la ansiedad es enfocándote en Dios. Que tu pensamiento persevere en Dios, que tu confianza no descanse en ningún recurso humano.

El profeta Sofonías entendió el valor que tenemos para Dios, somos preciados a tal punto —para Él— que en su alegría se emociona, celebra y disfruta con nosotros. «En aquel tiempo se dirá a Jerusalén: No temas; Sion, no se debiliten tus manos … Jehová está en medio de ti, poderoso, él salvará; se gozará sobre ti con alegría, callará de amor, se regocijará sobre ti con cánticos» (3:16, 17).

> **«La presencia de la oración no da lugar a la ansiedad en tu corazón».**

El rey David experimentó el temor, pero se mantuvo confiando en el Señor, «En el día que temo, yo en ti confío» (Salmos 56:3). Una de las causas principales por las que se experimenta ansiedad es porque descuidamos la oración, envolviéndonos en nuestros pensamientos y preocupaciones de manera excesiva. La presencia de la oración no da lugar a la ansiedad en tu corazón. Déjale a Dios tus asuntos y verás que tu habilidad para enfrentarlos con su ayuda resultará en bendición para tu vida.

Así que no permitas que la angustia ahogue tus pensamientos al punto que el negativismo y el pesimismo te impidan ver lo que representas para Dios. Cuando te sientas angustiado, cambia el patrón de pensamientos negativos por expectativas positivas a través de las verdades bíblicas. No pierdas el enfoque en Dios, recuerda el carácter de Él, su justicia, su misericordia y su bondad para contigo.

Organiza el ritmo de actividades que promuevan tu estrés y que te hagan sentir impotencia en cuanto a lograr tus metas. Establece tus prioridades y mantente enfocado en ellas, aplazando las de menor importancia. No temas enfrentarte a los retos, toma el control y establece metas para sobreponerte a ellos. En este proceso es saludable establecer relaciones con personas de confianza que te ayuden en tu esfuerzo por salir de la ansiedad. Y finalmente ten paciencia, el proceso requiere de tiempo, pero el resultado será de bendición para tu vida.

CAPÍTULO 7

Qué hacer ante la competencia

«Pero algunos perversos dijeron:
¿Cómo nos ha de salvar este?
Y le tuvieron en poco».
—1 Samuel 10:27

Observaba el gabinete para la distribución de correspondencia, debo aclarar que estoy hablando de los años al final de la década de los setenta. En los que la distribución de esta era por orden jerárquico, de arriba hacia abajo. Había sido el empleado número ocho de la compañía. Mis responsabilidades abarcaban desde la preparación de la infraestructura, la instalación de equipos, el adiestramiento de los empleados y el mantenimiento de todas las operaciones. Así que reconozco que, al estar envuelto desde la apertura de la planta, había cierta dependencia de mi persona para la solución de diversos problemas.

Al aumentar el requerimiento de producción de unidades, se comenzó un reclutamiento de nuevos empleados, la mayoría sin conocimiento alguno de las operaciones para ser sometidos a un adiestramiento intensivo. Esa mañana me percaté de que muchos de esos empleados que habían sido reclutados fueron considerados para posiciones de mayor nivel que el mío. Mi encasillado de la correspondencia estaba en el nivel más bajo y el de ellos en niveles superiores.

Sentí que mis esfuerzos a favor de la compañía no habían sido considerados y que otros, sin la menor contribución, recibían puestos mejor remunerados. Pensamientos de molestia contra mis superiores emergieron en mi mente. Decidí renunciar y buscar otras oportunidades. El espíritu de competencia solo engendra este tipo de sentimientos, lo que a la larga solo afecta a la persona que entra en ese ambiente nocivo física, emocional y espiritualmente.

Fueron muchas las entrevistas que tuve con buenos comentarios por parte de aquellos que me interpelaban, sin embargo, no recibí ninguna oferta de empleo. Estaba confundido y a la vez frustrado. Recuerdo haber orado a Dios y decirle: «Señor, no volveré a enviar un currículo con mis calificaciones, pero necesito que me quites este sentir negativo y me ayudes a modificar mi conducta o que me saques de este lugar.

Es interesante observar lo osados que, en muchas ocasiones, somos los seres humanos. Moisés es uno de esos casos, se atrevió a amenazar a Dios si no lo acompañaba. Dios no puede ser presionado ni manipulado a nuestro antojo. Él siempre hará su voluntad, la cual —en todas las ocasiones— es de mucho más valor para nuestras vidas. La omnisciencia de Dios es una perfección que debe llevarnos a una confianza plena en el plan de Él para nuestras vidas. Conocer el futuro y ser hijos de Dios nos pone en ventaja en cualquier aspecto de la existencia humana.

Dios, en su misericordia, permitió que una compañía me reclutará después de más de un año de haber tenido una entrevista con ellos. Se trataba de la empresa con la cual terminé mi carrera y fue de gran bendición para mí en lo profesional y lo económico. Somos seres sociales que interactuamos constantemente en pro del desarrollo de nuestras responsabilidades, las que propician un ambiente de competencia. La competencia no es mala en sí, pero cuando nuestra conducta gira en torno a cómo salir favorecidos por encima de los demás y lastimamos a los compañeros, los amigos y los familiares, el resultado será un caos de emociones negativas.

Debemos reconocer que Dios tiene un plan para nosotros y que ese plan es el mejor para nuestras vidas. Como bien dijo el profeta Jeremías: «Porque yo sé los pensamientos que tengo acerca de vosotros, dice Jehová, pensamientos de paz, y no de mal, para daros el fin que esperáis» (Jeremías 29:11). ¿Por qué, entonces, tantos esfuerzos por competir por posiciones y promociones; gestiones para influenciar a otros, prometiendo y adulando con intereses personales y agendas escondidas? Esto solo crea sentimientos que afectan la salud física y emocional de aquellos que se ven envueltos en tal situación.

En varias ocasiones durante mi trayectoria, en diferentes ambientes laborales tanto seculares como religiosos, sentí la carga de una competencia mal intencionada y con propósitos de devaluar mi persona y tomar ventaja en los procesos de selección. En un momento dado, era tanta la presión que deseaba salir y esconderme hasta que el proceso terminara. De hecho, como fui favorecido para representar a mis superiores en una asignación en Centro América, aproveché para alejarme de aquello por una semana y así reducir el peso que sentía.

Vivo la vida confiando que Dios tiene un plan para mí y que Él cumplirá su voluntad en mí. A principios de la década de los noventa, cuando comenzaba a pastorear, un compañero evangelista me dio una palabra profética. Me dijo que Dios le había revelado que yo llegaría a ser presidente de la organización a la cual pertenecía. ¡Imagínense a un recién instalado pastor, desconocido por la mayoría del cuerpo ministerial y que tenía una carrera profesional de mucha responsabilidad!

Ante mensajes similares, he observado personas que se lanzan a una campaña de promoción para dar a conocer a todos esa palabra. Sin embargo, lo que yo pensé fue: *Si Dios tiene ese plan para mí, no tengo que hacer esfuerzos para promoverme*. Sabía que Dios, en el tiempo adecuado canalizará todo paso necesario para llevarme ahí. Solo a mi esposa le confesé esa profecía y me dediqué a hacer lo que me correspondía en el servicio a Dios y a mis semejantes.

Prosperé en el trabajo y alcancé posiciones de altos niveles gerenciales. Pero el plan de Dios ya estaba en movimiento y, a medida que el tiempo pasaba, Él hacía los arreglos necesarios con el objeto de que estuviera preparado para la posición que tenía en su plan para mí. Quince años después, la asamblea de nuestra organización tuvo a bien llevarme a la presidencia.

Cuando confiamos en que Dios tiene el control, nuestros esfuerzos son para glorificarlo a Él y no para elevar nuestra persona ante los ojos de los demás. Los resultados serán de bendición y no de emociones laceradas, amistades heridas, ansiedades anormales ni aflicciones nocivas a la salud. Nos ahorraremos muchos dolores de cabeza y decepciones innecesarias.

Evitemos anhelar posiciones en forma desmedida, ni pensemos que merecemos más que otros o que somos mejores y somos los más favorecidos por Dios. Créame que, ante

Dios, todos tenemos valor. Él da los talentos de acuerdo a las capacidades que tenemos y, por ende, ha de exigir en la misma medida. No te apresures a lanzarte en un esfuerzo para el cual Dios no te ha designado, tampoco confíes en la sabiduría de tu propia opinión, «no seáis sabios en vuestra propia opinión» (Romanos 12:16b).

Una persona que se considera más hábil o importante que aquellos que le rodean o que merece mejor trato, está bajo los efectos del egocentrismo. Querer ser el mejor o competir por ser reconocido nos lleva al peligro de resaltar el «yo». Este sentimiento nace de los efectos de la influencia de la carne, no del espíritu. La Biblia nos advierte que no caigamos en la condenación del diablo: «no sea que envaneciéndose caiga en la condenación del diablo» (1 Timoteo 3:6). ¿Cuál fue esa condenación? Que quiso ser igual a Dios, competir con Él, ser mejor que su Creador, pero las consecuencias fueron nefastas para ese ángel que gozó de privilegios que otros no tuvieron.

Cuando surja el espíritu de competencia a tu alrededor o en ti mismo, es necesario recordar las palabras del apóstol Pablo en Filipenses 2:3: «Nada hagáis por contienda o por vanagloria; antes bien con humildad, estimando cada uno a los demás como superiores a él mismo; no mirando cada uno por lo suyo propio, sino cada cual también por lo de los otros». Resiste la tentación de proyectarte por encima de los demás. Asume tu rol con humildad para agradar a Dios y no para sobresalir ni distinguirte de otras personas. Dios te recompensará de acuerdo a la manera en que te sometes a su voluntad, no según tu esfuerzo egocéntrico.

El mismo Señor Jesús rechazó ese espíritu de competencia. Cuando los discípulos discutían entre sí acerca de quién sería el mayor de ellos, les dio el ejemplo de un niño, que en su ingenuidad todo lo hace por curiosidad o para aprender. Debemos estar satisfechos y dispuestos a entrar en el plan de Dios para nosotros. Detente, espera, medita y actúa a medida que Dios abre las puertas hacia el futuro glorioso que te espera en la voluntad absoluta de Él.

En Mateo 20:20-28, observamos que dos de sus discípulos, Jacobo y Juan, acudieron a Jesús junto a su madre, se arrodillaron y le hicieron una petición que expresaba su anhelo más grande: ocupar los puestos de mayor jerarquía entre los seguidores del Maestro. Así que le pidieron que les permitiera sentarse a la derecha y a la izquierda de Él, lo que era símbolo de autoridad y poder. Eso es una realidad en nuestros tiempos y es algo que está motivando a muchos líderes que anhelan el poder, el reconocimiento y la fama del mundo.

Estos discípulos asumieron que pronto Jesús iniciaría un nuevo reinado, por lo que comenzaron su cabildeo, madrugando a los demás. No hay duda de que entre los demás discípulos surgió un celo poco saludable. Buscar reconocimiento es parte de la naturaleza humana, nuestro orgullo lo demanda. Ellos estaban seguros de que Jesús tenía el poder para establecer el reino mesiánico, sin embargo, su concepto del reino era similar al pensamiento mundano. Aquellos que hemos practicado algún deporte, más que disfrutarlo, emprendemos una competencia para ser los mejores del equipo y además ser reconocidos.

Practiqué béisbol en mi juventud y mi meta era sobresalir entre mis compañeros tanto en la ofensiva como en la defensiva; bateando, anotando y manejándome en forma efectiva, atrapando la pelota en el campo y ganando a la ofensiva del equipo contrario. En vez de disfrutar el juego, aquello era una aventura competitiva con mis compañeros de equipo. Y así es el mundo real en todas las áreas donde interactuamos con otros. El deseo de reconocimiento, el afán de sobresalir, la intensidad por mejorar el rendimiento en cada competencia lleva al estrés y al egoísmo.

Este es un mundo competitivo, con unos en el tope y el resto cabildeando para alcanzar el próximo nivel. Sin embargo, en el reino de Dios no debe existir la competencia; al contrario, este es un espacio en el que se promueve la relación íntima con nuestro hacedor y con todos aquellos que somos parte de ese reino. Lo que debe caracterizar este reino es la igualdad de oportunidades para servir en la iglesia y al mundo.

No podemos ver la iglesia como un ecosistema en el que puedes manipular y controlar a aquellos que están a tu alrededor con el fin de obtener tus deseos. Jesús desafió a sus discípulos y también nos reta a nosotros: «Sabéis que los gobernantes de las naciones se enseñorean de ellas, y los que son grandes ejercen sobre ellas potestad. Mas entre vosotros no será así, sino que el que quiera hacerse grande entre vosotros será vuestro servidor, y el que quiera ser el primero entre vosotros será vuestro siervo; como el Hijo del Hombre no vino para ser servido, sino para servir, y para dar su vida en rescate por muchos» (Mateo 20:25-28).

«No existe lugar para la competencia en el reino de Dios, solo oportunidades para servir».

No existe lugar para la competencia en el reino de Dios, solo oportunidades para servir en aquellos lugares que Dios ha designado para nosotros. El apóstol Pablo dijo: «Mas ahora Dios ha colocado los miembros cada uno de ellos en el cuerpo, como él quiso ... para que no haya desavenencia en el cuerpo, sino que los miembros todos se preocupen los unos por los otros. De manera que si un miembro padece, todos los miembros se duelen con él, y si un miembro recibe honra, todos los miembros con él se gozan. Vosotros, pues, sois el cuerpo de Cristo, y miembros cada uno en particular» (1 Corintios 12:18, 25-27).

No hay duda de que al escribir esta carta a los creyentes de Corinto, existía un cabildeo competitivo por posiciones privilegiadas y de autoridad en la iglesia. Esta clase de actitud puede ser muy subliminal, puede operar en las personas sin que se den cuenta de lo que es, causando una crisis dentro de la iglesia, deteniendo el progreso de esta y evitando que cumpla con la comisión de Jesús en forma efectiva. El enemigo se deleita cuando los creyentes comienzan a competir unos con otros.

Cuando Pablo redactó estas palabras no lo hizo con el fin de humillar a nadie, lo hizo para que encontráramos el gozo y la confianza en Cristo únicamente; para que no nos dedicáramos a satisfacer nuestras ambiciones y nuestro egoísmo desmedidos ni para que persiguiéramos la grandeza. Lo más hermoso que Dios nos ha dado es el sentimiento de que no tenemos que creernos superiores a los demás pero tampoco debemos sentirnos inferiores a nadie. En Cristo, todos tenemos el mismo valor. Cuando Dios te escoge para una función en su reino, es porque sabe que tienes las capacidades y el tiempo para dar tu mejor rendimiento.

Algunos israelitas dudaron de las habilidades de Saúl, sin embargo, Dios no se equivoca al escoger. Si el hombre decide no seguir el plan de Dios, ese es otro asunto. Mientras nos mantengamos en sintonía con las promesas que Dios ha hecho, no tendremos que preocuparnos por perder tiempo en promocionarnos, ni prometer favores a otros por el apoyo que nos puedan dar. Recuerda, lo que Dios nos permite, es porque sabe que podemos realizarlo en su Nombre.

¿Cómo evitar la competencia innecesaria? Primero, debes entender el plan de Dios para tu vida. Luego debes someterte a que dirija tu vida ministerial, eso es esencial. Él te llevará a través de diversas experiencias para que madures y puedas ser efectivo en el desempeño de tus labores. Servir a otros sin intereses personales y con sinceridad es una oportunidad que Dios provee para fortalecer tu carácter al interaccionar en el cuerpo de Cristo. Finalmente, hay que reconocer que Dios tiene un tiempo para cada etapa en nuestras vidas. Él nunca llega tarde a sus compromisos con nosotros. Confía en que su tiempo es el más apropiado.

CAPÍTULO 8

Expectativas de la vida

> «El problema de las personas desesperadas no es
> que deseen morir, es que no saben cómo vivir».
> —Gary P. Stewart

Me encontraba caminando de un lado del comedor a la sala de mi hogar, mi corazón latía con una rapidez más acelerada de lo normal. Eran las cinco de la mañana cuando la preocupación y el temor inundaron todo mi ser. Hacía poco que había delegado un viaje a Japón con el objeto de inspeccionar una máquina que la compañía había adquirido. Un estrés agotador sobrecogía mis capacidades, tanto que no podía enfocarme en mis responsabilidades.

Mis oraciones a Dios eran continuas, le rogaba que me ayudara a resolver aquel reto que se erigía como una tormenta en medio del mar. No veía luz por ningún lado, las posibilidades de salir bien librado de eso eran remotas. ¿Qué hacer ante aquella inminente nube oscura que cubría mi horizonte? ¿Cómo estremecería los fundamentos de la confianza puesta en mí por mi esposa, mis hijos y aquellos que me veían como un profesional exitoso?

Cuando las finanzas enredan sus tentáculos alrededor de tu cuello, es muy difícil poder ver con claridad y tener la perspectiva adecuada para buscar alternativas y resolver. Muchos han preferido sucumbir ante las insinuaciones del enemigo, quitándose la vida para detener el cuadro horroroso ante ellos sin pensar en la escena que seguirá a esa decisión equivocada.

Es fácil huir en el momento y arrojarse en los brazos de la incertidumbre de una posible paz eterna sin retos ni problemas qué enfrentar. Pero ¿será ese el propósito de Dios para el ser humano? ¿Un aterrizaje forzoso sin cinturón de seguridad ni garantías de una parada en el viaje a la eternidad?

La culminación de un proceso psicológico causado por eventos que no han sido resueltos, fomentados por la depresión y la falta de esperanza es el suicidio. La persona bajo los efectos de ese estado no ve esperanza alguna en el futuro, lo visualiza sin cambios ni solución.

La intensidad de mis pensamientos no me dejaba canalizar soluciones viables a mi situación, había intentado negociar con posibles inversionistas, préstamos a bancos y hasta la venta de mi única propiedad. Sin embargo, todo había fracasado y me encontraba bajo los efectos de una frustración severa. La frustración es el estado en el que tus habilidades mentales para buscar soluciones creativas a un problema se trastornan y te encuentras en un firme frenazo intelectual.

¿Qué hacer? Deseaba devolver el tiempo y no haber tomado la decisión de invertir en aquel proyecto. Los pensamientos acerca de la muerte y de una desaparición del panorama por completo surcan la mente de las personas que puedan estar en una situación como esa. Por desdicha, este ha sido el final para muchas personas que han disfrutado de salud económica y de repente se han encontrado con la realidad de que todo se ha hecho sal y agua.

Son muchos los ministerios que, debido a la presión económica, han cambiado sus principios y han renegado de las convicciones a las cuales habían expresado lealtad y por las que habían exigido a otros dedicación y compromiso. Es interesante comprender que Jesús, en numerosas ocasiones, dedicó tiempo para hablar sobre el tema de las finanzas y la manera de usarlas en forma correcta. Sus enseñanzas fueron claras; no debemos hacer demasiado énfasis en el dinero ni tampoco debemos darle poca importancia.

Considero que la razón era obvia, si no logras manejar tus finanzas, tus finanzas te manejarán a ti. En Mateo 6:21encontramos que dice «que donde esté vuestro tesoro, allí estará también vuestro corazón». Todos los seres humanos establecen sus prioridades de acuerdo a las cosas que consideran más importantes, las que pueden ser aquellas que más duran y adquieren mayor valor adquisitivo.

El mundo, por lo general, nos enseña la importancia de las cosas materiales; a tal punto que los seres humanos podemos vernos enfrascados en la acumulación de riquezas y, aunque la Biblia no condena el ser rico, lo que si advierte son los peligros de amar y enfocarnos más en las riquezas que en los asuntos espirituales.

El compromiso financiero contraído por mí, había resultado del deseo de iniciar un proyecto con miras a proveer material educativo a los niños cristianos, una alternativa de entrenamiento para ellos. Sin embargo, se acercaba el día de cumplir con ese compromiso y no tenía los recursos para enfrentarlo.

¿Qué podía hacer? Había agotado todas las soluciones viables, sin resultado alguno. La condición había limitado mis capacidades para ejecutar con objetividad mis funciones profesionales y aun mis responsabilidades como jefe de familia y cristiano. Las finanzas son la mayor causa de los sentimientos de angustia y temor. Por eso la importancia que Jesús le da a este tema en sus enseñanzas.

Hice lo que tenía que hacer en un principio, oré a Dios para que me guiara en llevar a cabo las acciones necesarias para lidiar con la situación. Bajo esta confianza inicie diálogos de negociación que resultaron en la solución a mi problema financiero.

La forma en que llevemos a cabo la administración de nuestro dinero mostrará la condición espiritual de nuestra vida. Esta área de nuestras vidas es íntima y en pocas ocasiones la compartimos con otros. Es importante que manejemos nuestras finanzas de manera efectiva. La toma de decisiones económica, tarde o temprano, afectará nuestra relación con Dios; además de que afectará los principios y valores que hemos defendido en nuestra vida cristiana.

El que reine en tu corazón determinará el enfoque de tu amor, ¿Cristo o las finanzas? En Mateo hay una advertencia: «Ninguno puede servir a dos señores; porque aborrecerá al uno y amará al otro, o estimará al uno y menospreciará al otro. No podéis servir a Dios y a las riquezas».

Dios desea que seamos buenos mayordomos, que tratemos en forma apropiada nuestros ingresos y gastos. La gente derrocha su dinero en lo que creen que es importante. El profeta Hageo les dijo a los israelitas en Jerusalén que estaban valorando la comodidad de sus casas más que a Dios (Hageo 1:6-7). Es necesario reevaluar en qué gastamos nuestro dinero y en qué compromisos financieros nos involucramos.

Quiero señalar tres principios bíblicos importantes sobre las finanzas. Primero, reconozcamos que Dios es el dueño de todo. Porque el mundo y todo lo que hay en él, le pertenecen a Dios. Fue Él, el creador de todas las cosas (Salmos

24:1). Segundo, todo proviene de Él. David reconoció que todo lo que poseía provenía de Dios: «Las riquezas y la gloria proceden de ti, y tú dominas sobre todo; en tu mano está la fuerza y el poder, y en tu mano el hacer grande y el dar poder a todos» (1 Crónicas 29:12). Podemos disfrutar de abundancias materiales a través del esfuerzo de nuestro trabajo, pero tenemos que reconocer que es Dios el que te da la salud y la fuerza para lograrlo. No cometas el error de olvidarte de Dios y pensar en tu corazón que eres tú el que, con tu poder y tus fuerzas, has alcanzado todo lo que tienes. Moisés, en su exhortación al pueblo, le advierte: «Acuérdate de Jehová tu Dios, porque él te da el poder para hacer las riquezas, a fin de confirmar su pacto que juró a tus padres, como en este día» (Deuteronomio 8:18).

Finalmente, tanto nosotros como todo lo que tenemos pertenece a Dios. David en su oración a Dios dijo: «Pues todo es tuyo, y de lo recibido de tu mano te damos» (1 Crónicas 29:14). Nuestros diezmos y ofrendas le pertenecen a Dios, solo le estamos devolviendo un porcentaje de lo que Él nos da.

Cuando perdemos de vista estos principios, comenzamos a utilizar los recursos a la manera que mejor creemos, por lo que tomamos decisiones con lo que no nos pertenece. Es entonces cuando los resultados empiezan a lacerar nuestra relación con Dios y a afectarnos física y emocionalmente. El resultado: frustración, estrés y depresión.

«La intención y el propósito de Dios es que seamos administradores efectivos».

La intención y el propósito de Dios es que seamos administradores efectivos en la manera en que lidiamos con los bienes que pone a nuestra disposición. Las expectativas que Él tiene con nosotros es que ejecutemos en forma adecuada la distribución de esos bienes. Es importante que estés consciente de tus gastos y los controles efectivamente. Quiero compartir algunas sugerencias para que tengas el control de tus finanzas.

Primero, debes estar satisfecho con lo que tienes. En el libro de Hebreos encontramos un consejo alentador: «Sean vuestras costumbres sin avaricia, contentos con lo que tenéis ahora; porque él dijo: No te desampararé, ni te dejaré» (13:5). El contentamiento es una doctrina, así que debemos estar satisfechos en el nivel económico en que Dios nos ha colocado. Pablo dijo: «He aprendido a contentarme, cualquiera que sea mi situación» (Filipenses 4:11).

Lo segundo que debemos practicar es abstenernos de codiciar. Cuando deseas profundamente lo que otros tienen, tus ejecutorias te llevarán a cometer actos contra tu prójimo con el propósito de lograr tus deseos (Éxodo 20:17). Tercero, simplifica tu estilo de vida. Evita seguir el camino que nos quieren hacer asimilar los medios de comunicación y las redes sociales.

Por último, establece un presupuesto que detalle tus gastos frecuentes y mantente al tanto de cómo es tu rendimiento en comparación con ese presupuesto (Proverbios 27:23,24). Y no te olvides de asignar una partida para ayudar a los necesitados. Aplica estos principios a tu vida y verás la bendición de Dios en ti llevándote a través de situaciones financieras difíciles en forma exitosa.

CAPÍTULO 9

Cuando falta la honra

«Pues en vano me honran».
—Mateo 15:9

N umerosos medios de comunicación de nuestro país cubrían un evento en el que, junto al gobernador, se encontraban el presidente del Senado, el de la Cámara y varios miembros de esos cuerpos. La representación de la iglesia hacía acto de presencia en aquella actividad de mucho significado para la seguridad del país. Se estaba anunciando el logro de la mayor recolección de armas clandestinas en manos del pueblo. Esa iniciativa entre el gobierno y la colaboración de iglesia había sido todo un éxito.

Mientras estábamos en la conferencia de prensa, surgió una pregunta para los líderes religiosos que nos encontrábamos allí. Resulta que un alto oficial de la Iglesia Católica había fallecido el día anterior y nos preguntaron: «¿Qué piensan ustedes sobre el Cardenal y su legado al país?». No vacilé en dar mi respuesta a aquella periodista y le dije: «Considero que fue un gran hombre y un gran defensor de los valores morales de este pueblo, algo que hizo con mucho valor y pasión». No tenía dudas en mi expresión de solidaridad, porque desde joven había conocido la trayectoria de ese líder religioso y sabía de su entrega por defender a la familia y los valores de la sociedad.

Días después me enteré de algunos comentarios surgidos a causa de mis expresiones en defensa de alguien que no compartía los mismos dogmas e interpretación de las doctrinas bíblicas. Me pregunté: ¿Qué tienen que ver nuestras diferencias teológicas con la honra de nuestros semejantes cuando se la merecen? El honor es la cualidad moral que nos lleva al cumplimiento de nuestros deberes respecto del prójimo y de nosotros mismos. ¿Por qué se nos hace tan difícil honrar a otros?

La palabra «honor» tiene muchos usos. Si a ti te llaman hombre de honor, es porque eres respetado. Si alguien te honra es que reconoce tus logros. El término honor ha sido siempre una palabra usada para describir a los hombres y mujeres de alto valor moral o que han logrado algo. En mi jornada a través de las responsabilidades del liderazgo, he intentado reconocer, respetar y hacer valer los logros de otras personas. Ayudándoles en lo que me es posible para que sigan siendo exitosos y de bendición a otros.

En cierta ocasión en la que le facilité la iglesia a un compañero evangelista para una actividad especial, al iniciar su participación, comenzó a hablar de un compañero ministro a quien elogió por sus logros, exaltando la labor que había realizado durante el liderazgo en su organización. Me impresionó que tuviera tal conocimiento de sus labores y logros. Estaba honrando a alguien que, en primer lugar, no pertenecía a su denominación y, segundo, debido a su ministerio evangelístico y no pastoral me pregunté: ¿Cómo conoce él tanto sobre los logros de ese compañero?

Al terminar la actividad, mi esposa se me acercó y me hizo un comentario que me llevó a una reflexión profunda, ya que lo había pasado por alto. Ella tenía conocimiento de primera mano sobre la persona en referencia y me dijo: «Lo que nadie en su organización ha reconocido, lo ha hecho él y con ello lo ha honrado». Le cuestioné la naturaleza de aquel comentario y solo me dijo: «Todos somos humanos y nuestras familias perciben cuando falta la honra».

Tenemos que entender que el amor al prójimo fue un mandamiento directo de nuestro Señor y Salvador y que amar implica honrar, respetar, tomar en consideración, tratar con dignidad. ¿Por qué se trata de justificar la falta de honra en nuestras relaciones con nuestros compañeros de ministerio, con nuestras amistades, nuestros conocidos y aun con nuestras propias familias?

Una de las cosas que mueven la mano de Dios, aparte de la fe, es la honra. La Biblia enfatiza el proceder de Dios cuando existe y cuando no existe la honra. El sacerdote y profeta Samuel expresó lo siguiente: «*Por tanto, Jehová el Dios de Israel dice: Yo había dicho que tu casa y la casa de tu padre andarían delante* de mí perpetuamente; mas ahora ha dicho Jehová: Nunca yo tal haga, porque yo honraré a los que me honran, y los que me desprecian serán tenidos en poco...» (1 Samuel 2:30).

Aunque Dios merece la mayor honra, también los seres humanos —como criaturas de Él— deben honrarse entre sí. Los hijos deben honrar a sus padres con su obediencia (Deuteronomio 5:16; Efesios 6:1, 2). Cuando los padres están necesitados, sus hijos adultos pueden honrarlos con ayuda material. El esposo honra a su esposa al tratarla con amor y dignidad, y la esposa honra a su esposo con su sujeción y su respeto. Los ancianos, que trabajan duro en la enseñanza, son tenidos por dignos de «doble honra» (1 Timoteo 5:17). Debe honrarse, o respetarse, a los gobernantes y a otras autoridades, según requiera su posición (Romanos 13:7). Independientemente de su posición social, toda persona merece honra por ser creación de Dios (1 Pedro 2:17).

Honrar a una persona es reconocer su valor y respetarlo como tal. La Biblia presenta el respeto como un principio de mucha importancia. Es como un medicamento para tratar el egoísmo y el orgullo. El primer paso en la ruta hacia este principio es la actitud de honrar a Dios y a su palabra. En Mateo 15:8, encontramos un ejemplo de personas que honran a Dios con palabrerías, pero no obedecen los principios bíblicos que enriquecen la vida.

A nivel de honra a los líderes, cuán escaso es el reconocimiento de los esfuerzos que realizan muchos de ellos. En la mayoría de los casos, sus logros se dan por sentado como algo que tenían que hacer y nada más. No valen las largas horas de consejería a parejas que están al borde de una ruptura matrimonial. Pasan por alto las incontables ocasiones que esos siervos interrumpieron sus momentos familiares para atender a las familias de sus congregaciones con sus conflictos. Obvian las largas horas pasadas en apoyo a momentos de enfermedad física o mental del feligrés y cuántas otras ocurrencias que —de una u otra manera— diezman las fuerzas y las emociones del líder.

Cuando escuchas las expresiones escritas de compañeros que han preferido renunciar al ministerio o aun desistir de vivir por la falta de honra, tenemos que preguntarnos: ¿Por qué es tan difícil reconocer el trabajo de otros, en especial el del líder? La razón es que para poder honrar a otras personas necesitamos tener un espíritu de humildad. Solamente conectados a Dios tendremos la capacidad de vencer el orgullo y ejercer la humildad para honrar a otras personas.

En Romanos 13:7 la Biblia nos dice: «Pagad a todos lo que debéis: al que tributo, tributo; al que, impuesto, impuesto; al que respeto, respeto; al que honra, honra». Es mandato de Dios honrar a los que debemos honra, entre los que están incluidos los líderes y toda figura de autoridad. No se mencionan condiciones ni requisitos para honrarlos. Aunque tengamos nuestras reservas, Dios nos manda a honrarlos en forma incondicional.

Honrar a los líderes implica reconocerlos como regalo de Dios para el desarrollo y la madurez en la vida espiritual, abrazar su visión y someterse a su autoridad. La honra se inicia en el corazón y son las emociones las que actúan en la valorización personal de algo o alguien. Se nos ordena honrar a las personas por causa de su posición, no por su desempeño. Se nos ordena también honrar a nuestros padres y madres, a los ancianos y a aquellos que gobiernan sobre nosotros.

Era costumbre en la antigüedad, cuando se trillaba el trigo, no ponerle bozal a los bueyes; ello con el fin de que pudieran comer todo el trigo que desearan como premio por el trabajo que realizaban (Deuteronomio 25:4). La persona que trabaja merece su sostén y cuánto más trabaja más debería recibir. Cada uno debe recibir de acuerdo con el trabajo realizado, según la dedicación y el esmero que haya puesto en ello.

¿A quiénes debemos honrar en la iglesia? La respuesta es a aquellos que laboran en la predicación y la enseñanza.

A aquellos hombres y mujeres que trabajan para edificar la iglesia, a través de la exposición de la verdad a la gente. Trabajan enseñando y educando a los más jóvenes, a los nuevos conversos en la fe. Ahora bien, ¿cuántos de los hombres que trabajan de esta manera hoy, son honrados por sus respectivas iglesias? ¿Quién les reconoce sus horas de estudio incansable, de preparación y dedicación a la oración para exponer la palabra?

¿Qué tranquilidad crees tú que pueda tener un líder para estudiar, orar, preparar mensajes —que requieren horas de concentración—, cuando su organización no lo honra ni lo considera? Creo que el egoísmo y la falta de consideración han inundado la forma de pensar de las congregaciones y las organizaciones, para que esa actitud exista en este tiempo.

Se nos ordena que «reconozcáis a los que trabajan entre vosotros» (1 Tesalonicenses 5:12). ¿Quiénes? «Los que presiden en el Señor». El que aprende a bendecir es bendecido. Dice el sabio en Proverbios 22:9 (parafraseado): «El generoso pensará generosidades y por sus generosidades será exaltado». Es imposible, para el diablo, enredar la vida de un hombre que continuamente piensa generosidades.

¿Cómo debemos honrar? A Dios, con nuestros bienes. Como afirma el proverbista: «Honra a Jehová con tus bienes, y con las primicias de todos tus frutos; Y serán llenos tus graneros con abundancia, y tus lagares rebosarán de mosto» (Proverbios 3:9-10). Con nuestra alabanza y nuestra adoración. María, la hermana de Lázaro, ofreció una libra de perfume de nardo puro, eso es honra al Señor. También honramos al usar nuestro vocabulario para expresar nuestra fe. La duda o la desconfianza muestran falta de honra. Los diez espías enviados por Josué deshonraron a Dios con su actitud de temor y miedo ante la gente de Canaán. Su rebelión fue un acto de deshonra; por el contrario, Josué y Caleb obedecieron, honraron a Dios, creyendo en la Palabra de Él. Otro caso bíblico fue la irreverencia de Uza, que terminó con su vida (1 Crónicas 13:10). El rey, por temor ante la pérdida de Uza, mandó detener la movilización del arca, para así investigar la causa del enojo de Dios.

David quedó perplejo al observar que el arca que —por un lado— había causado la muerte de Uza, por otro lado llevó tanta bendición a la casa de Obed-edom. Su conclusión fue que la bendición es proporcional al nivel de honra que se ofrece. Es interesante saber que el arca de Dios estuvo en la casa de Abinadab por veinte años y no hubo bendición alguna, en cambio —en solo tres meses— Dios bendijo extraordinariamente la casa de Obed-edom. ¿La razón? En la casa de Abinadab, el arca fue menospreciada, era un artefacto más. Sin embargo, en la casa de Obed-edom se le dio un lugar honroso. David pudo observar la diferencia entre los que eran respetuosos hacia Dios y aquellos que eran irreverentes.

> **«Honrarlo significa tener su protección y su gracia en todo lo que emprendas».**

Te garantizo que, si honras a Dios tendrás su bendición en tu vida y tu ministerio. Tenerlo a Él traerá su presencia y contestará tus peticiones. Honrarlo significa tener su protección y su gracia en todo lo que emprendas.

¿A quién debemos honrar? A los hombres que son siervos de Dios. La mujer sunamita (2 Reyes 4:9-10), reconoció a Eliseo como siervo de Dios y procedió a honrarlo. La honra a los siervos de Dios no queda sin recompensa, Dios honra a los que le honran. «El que recibe a un profeta por cuanto es profeta, recompensa de profeta recibirá; y el que recibe a un justo por cuanto es justo, recompensa de justo recibirá» (Mateo 10:41).

Tenemos también el ejemplo de la viuda de Sarepta, cuya recompensa por honrar al siervo de Dios —en su necesidad— fue la provisión permanente (1 Reyes 17:14-15). Honrar a los líderes por su función es bíblico. Como dice el autor de los Hebreos: «Acordaos de vuestros pastores, que os hablaron la palabra de Dios; considerad cuál haya sido el resultado de su conducta, e imitad su fe» (Hebreos 13:7).

Considero que si practicamos más lo que es honrar a aquellos que trabajan para el Señor, nos evitaremos la alta incidencia de casos de depresión en el liderazgo cristiano, reduciremos la cantidad de renuncias y la alarmante crisis en el ministerio que ha llevado a líderes a considerar el quitarse la vida.

CAPÍTULO 10

¿Qué pasa cuando ya no somos?

«Pero ahora se ríen de mi los más jóvenes que yo».
—Job 30:1

E l salmista escribió: «¿Qué es el hombre, para que tengas de él memoria, y el hijo del hombre, para que lo visites?» (Salmos 8:4). Mientras dialogaba con uno de los feligreses que pastoreaba, me habló acerca de la decisión que tomó su padre para quitarse la vida. Todos sus amigos ya habían partido a la eternidad, por lo que —sin esas amistades— decidió encenderse en fuego. Impregnó su cuerpo de gasolina y llevó a cabo su intención. A pesar de las graves quemaduras, logró sobrevivir por un tiempo; tiempo en que estuvo bajo una terrible agonía.

Su decisión se sustentó en que ya no tenía amigos, todos habían fallecido y solo quedaba él de aquel grupo. Nadie lo buscaba y nadie, según él, lo valoraba ni lo apreciaba. Esa soledad lo había llevado al punto de sentirse abandonado, a pesar de la presencia de sus familiares. Estar en el liderato, rodeado de personas constantemente que dependen de tu dirección, aprecian tus decisiones y consejos para luego entrar en un vacío de repente, puede trastocar tus emociones y sentimientos en cuanto al valor de la vida.

La nostalgia, en muchas ocasiones, hace que los recuerdos del pasado nublen los beneficios que el presente y el futuro tienen reservados para nosotros. Pensamos que los viejos tiempos eran mejores, sin embargo, la realidad es que todas las épocas traen consigo una dosis de tiempos buenos y tiempos malos. Lo sabio y correcto es saber cómo enfrentarlos con el fin de sacarles el mejor provecho para bien del propósito que Dios tiene con nuestras vidas.

El caso de Job es uno muy interesante. El patriarca recuerda sus días de relación con Dios, cuando sentía que este estaba cerca de él, cuando caminaba con Dios, cuando Dios era su guía y la bendición del Soberano lo acompañaba. Job estaba en el nivel más alto de su vida, lleno de satisfacción y placer junto a Dios. Sin embargo, llegó un momento en el que todo eso desapareció. Por eso es crucial saber que la vida se basa en relaciones en las que todo cuenta; relaciones que tenemos con los demás, con nosotros mismos y, más importante aún, con Dios.

Job comienza a recordar los días cuando sentía la bendición de Dios en su vida. Dios lo guiaba a pastos frescos, a aguas puras; lo había protegido y cuidado con su cayado y su vara de pastor. Lo había ungido con aceite. Ahora Job pensaba que esos días buenos habían pasado a la historia, todo había cambiado, sentía que su relación con Dios ya no era la misma. Algo parecido ocurre cuando nosotros, como líderes, entramos en la etapa en la que debemos pasar el bastón a otros, cuando tenemos que entregar nuestra posición a un sucesor. Nos embarga la sensación de que hemos perdido algo de mucho valor y hasta pensamos que ya Dios no tendrá la misma relación con nosotros como cuando éramos competentes para cumplir con todas nuestras responsabilidades y contábamos con la plenitud de nuestras fuerzas.

El patriarca Job, en su libro, recuerda que era alguien importante. Cuando pasaba por algún lugar, la gente notaba su presencia. Por tanto, no solo siente que su relación con Dios ha cambiado sino que, además, su reputación se ha afectado. Las «puertas» de la ciudad era un lugar público que, por lo general, funcionaba como el tribunal del pueblo, el sitio donde se trataban los asuntos legales y se impartía justicia. Job actuaba allí como magistrado y se sentaba a juzgar, a decidir acerca de los problemas que enfrentaban los ciudadanos. Era respetado por la gente, los jóvenes lo veían y se escondían, los ancianos se levantaban, y permanecían de pie frente a él, las autoridades se detenían a saludarlo, la voz de los principales se apagaba, todas las personas se enfocaban en él (Job 29:8-11).

Job era considerado un hombre justo. Atendía a la gente, oía sus puntos de vista, lidiaba con sus problemas, los aconsejaba y los juzgaba con misericordia y equidad (Job 29:12-17). Sin embargo, en un momento dado, la situación cambió de una manera dramática. Ahora, al acudir a la puerta de la ciudad, la escena con Job era diferente. Los más jóvenes se reían de él, era objeto de burla y de comentarios sarcásticos. Lo despreciaban y se alejaban de él, incluso escupían su rostro (Job 30:1, 10, 11).

Cuando observamos su caso se apodera de nosotros un sentimiento de solidaridad. Te has preguntado alguna vez: «¿Dónde estás, Dios mío?». Yo he pasado por eso y sé que Job también. Hay momentos en nuestras vidas en los que sentimos que Dios nos ha abandonado. A pesar de las constantes victorias que disfrutamos en el Señor, llegan esos paréntesis en nuestras vidas que simplemente olvidamos todo lo que Dios ha hecho; por lo que nos sumergimos en la desesperación. Cuestionamos el cuidado de Dios con nosotros. Analizamos nuestro mundo y nos preguntamos si le hemos fallado; con lo cual tratamos de justificar la aparente ausencia divina.

Job, precisamente, se encontraba en ese momento crucial de la vida, un punto en el que no es agradable estar. El hombre a quien el Todopoderoso había favorecido con su amor al comienzo del libro, ahora está pasando por una angustiosa agonía, sintiendo que Dios lo había abandonado. En el Salmo 13, David expresa un sentimiento similar: «¿Hasta cuándo, Jehová? ¿Me olvidarás para siempre? ¿Hasta cuándo esconderás tu rostro de mí?». ¿Puedes acaso confiar en Dios? No debemos perder de perspectiva que Él conoce el futuro, que sabe lo que ocurrirá en nuestras vidas y que obrará de acuerdo a su plan para nosotros.

La realidad es que experimentaremos diversidad de retos y problemas en nuestra marcha por esta vida y aunque exista un aparente abandono al llegar a la etapa final, en nuestro ministerio activo, no perdamos de enfoque de que el que nos llamó sigue pendiente de nosotros y cuida de cada paso que damos. Caminemos seguros de la presencia de Dios, no importa cuánto hayan disminuido nuestras fuerzas en ese proceso, Dios sigue siendo capaz de resolver nuestros problemas y de ayudarnos en nuestra debilidad. Él es más grande que cualquier problema que pueda surgir en contra de nosotros.

El profeta Nahúm lo expresó muy bien cuando dijo: «Jehová es bueno, fortaleza en el día de la angustia; y conoce a los que en él confían (1:7)». Reflexionar en las bendiciones de Dios es una buena terapia en esos momentos de angustia. Ayuda a aliviar el peso de la carga que estamos arrastrando. Job recordó todas las bendiciones que Dios le había dado. Pensó en los días cuando disfrutaba de la compañía de sus hijos, fruto de sus entrañas. Reflexionó sobre los tiempos felices que experimentó cuando sus niños corrían por la casa. ¡Con cuánto gozo recordaba esos momentos de su vida!

La Biblia habla del sendero de los justos. El salmista dijo: «Joven fui, y he envejecido, y no he visto justo desamparado, ni su descendencia que mendigue pan» (Salmos 37:25). Y el profeta Jeremías exclamó: «Bendito el varón que confía en Jehová, y cuya confianza es Jehová. Porque será como el árbol plantado junto a las aguas, que junto a la corriente echará sus raíces, y no verá cuando viene el calor, sino que su hoja estará verde; y en el año de sequía no se fatigará, ni dejará de dar fruto» (Jeremías 17:7-8).

Al igual que Job, anhelemos ser hallados justos, que nuestra esperanza siempre esté puesta en Dios y no en nuestros logros del pasado ni en posesiones del presente. La perspectiva de nuestro futuro siempre debe residir en el que nos llamó a su obra; puesto que aun, en las postrimerías de nuestra existencia, Él ha de permanecer fiel. Lo que otros piensen de ti, en los tiempos cuando la cadena de plata se esté quebrando, no debe llenarte de preocupación. No intentes probarles a los demás que todavía estás en condiciones óptimas para seguir aportando.

Lo que Dios piense de nosotros es más importante que lo que creemos de nosotros mismos y que lo que piensan los demás. En el libro de Zacarías leemos lo que sigue: «Me mostró al sumo sacerdote Josué, el cual estaba delante del ángel de Jehová, y Satanás estaba a su mano derecha para acusarle. Y dijo Jehová a Satanás: Jehová te reprenda, oh Satanás; Jehová que ha escogido a Jerusalén te reprenda. ¿No es éste un tizón arrebatado del incendio? Y Josué estaba vestido de vestiduras viles, y estaba delante del ángel. Y habló el ángel, y mandó a los que estaban delante de él, diciendo: Quitadle esas vestiduras viles. Y a él le dijo: Mira que he quitado de ti tu pecado, y te he hecho vestir de ropas de gala» (3:1-4).

Aunque el mismo Satanás y el infierno pensaban en la condenación de Josué, el sumo sacerdote, Dios pensaba de él en una manera diferente. Dios, debido a su inalterable misericordia por Josué, pensaba que valía la pena salvarlo. Dios, aun en la época en que debemos recoger las velas y ocupar otros roles de menor relevancia, está tan comprometido con nosotros como cuando nos llamó por primera vez. Él sigue siendo fiel.

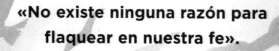

«No existe ninguna razón para flaquear en nuestra fe».

Así como a Josué, Dios cuidará de nosotros más allá de nuestra edad de oro. No existe ninguna razón para que flaqueemos en nuestra fe cuando llegamos a la etapa de retirarnos del ministerio activo. El llamado de Dios es irrevocable y las garantías de su cuidado son expresadas en el Salmo 23. ¿Cómo enfrentamos esa ausencia de actividad y de relaciones? Son muchos los que al llegar a ese ambiente de soledad y de ser ignorados —aparentemente— acuden a las cárceles de la autocompasión y la depresión. Sin embargo, la Biblia nos da la respuesta a este ataque contra nuestras emociones.

El profeta Isaías nos alienta con las siguientes palabras: «Y hasta la vejez yo mismo, y hasta las canas os soportaré yo; yo hice, yo llevaré, yo soportaré y guardaré» (Isaías 46:4). Y el salmista nos confirma el respaldo divino con lo que sigue: «Aun en la vejez fructificarán; estarán vigorosos y verdes, para anunciar que Jehová mi fortaleza es recto, y que en él no hay injusticia» (Salmos 92:14-15). El Señor no solo nos sostendrá y mantendrá productivos, sino que nos compara con árboles plantados junto a aguas, no nos compara con un árbol que salió de la nada, sino con uno que ha sido cuidado, atendido y nutrido de manera constante y periódica.

Llevar fruto en nuestros años de vejez no es algo que surge como consecuencia de la improvisación; al contrario, es un proceso arduo y coherente que lleva muchos años para lograr llegar a esa etapa de la vida en la que uno —todavía— sigue siendo productivo. ¿Cuál es la clave para mantenerte alejado de la soledad, del aislamiento y de la sensación de menosprecio? Creo, con todo el corazón, que esa clave se encuentra en Juan 15:4-5, que dice: «Permaneced en mí, y yo en vosotros. Como el pámpano no puede llevar fruto por sí mismo, si no permanece en la vid, así tampoco vosotros, si no permanecéis en mí. Yo soy la vid, vosotros los pámpanos; el que permanece en mí, y yo en él, éste lleva mucho fruto; porque separados de mí nada podéis hacer».

De modo que, permanecer conectados a Jesús, nos mantendrá animados, motivados y productivos a medida que envejecemos. Nuevas ideas surgirán, ideas que podemos compartir con otros, para aportar a las nuevas generaciones y para servirles de mentores y asesores espirituales a aquellos que van a sucedernos en nuestras funciones. ¿Te sientes viejo, agotado y sin frutos? Anímate, Dios todavía tiene un ministerio fructífero para ti. El salmista dijo: «Aun en la vejez y las canas, oh Dios, no me desampares, hasta que anuncie tu poder a la posteridad, y tu potencia a todos los que han de venir» (Salmos 71:18). Estar conectados a Jesús permitirá que siga fluyendo —a través de nosotros— su Santo Espíritu, sí, aun en la vejez, nuestra valía para Dios se mantiene inalterable.

CAPÍTULO 11

La fidelidad define el éxito

«Administradores fieles».
—1 Corintios 4:2

Todos conocemos la obra de la madre Teresa entre los más necesitados de India. Fue una gran figura que inspiró a muchos, alrededor del mundo; en el transcurso de su vida, pasó tiempo con los más pobres y desesperados de este mundo, los más pobres de ese país densamente habitado —el segundo más poblado del mundo— llamado India. En una ocasión, un visitante le preguntó, cómo podía ella seguir trabajando con paciencia con esa gente —por tantos años— y con resultados tan pequeños y poco reconocimiento. Ella le respondió: «No estamos aquí para ser exitosos, estamos aquí para ser fieles».

La Biblia habla en forma abundante sobre la fidelidad, muy poco sobre el éxito. Busqué en mi concordancia y encontré sesenta y tres versículos en cuanto a la fidelidad o a ser fiel, pero ninguno con la palabra éxito. Eso me deja ver que Dios no está tan interesado en tu éxito como lo está en tu fidelidad a Él. El versículo no dice que «se requiere de los administradores, que cada uno sea hallado exitoso». Somos llamados a ser fieles. Todo el mundo busca ser exitoso en nuestros días. Aun pastores e iglesias siguen esta tendencia.

Por tanto, en el mundo en que vivimos hoy, ¿qué significa esa rara y casi olvidada palabra «fidelidad»?

Esto nos lleva a reflexionar en que la descripción de tarea de un administrador se resume en una sola palabra: «fidelidad». Analicemos esta palabra. ¿Qué hay detrás de la misma? ¿Qué significa ser fiel? Al respecto, el diccionario dice: lealtad, puntualidad, exactitud en la ejecución de algo, sentido de responsabilidad en nuestros deberes, confiable. Fidelidad significa ser recto, fiel, de una sola línea, vertical, sin doblez, leal. Lo mínimo que Dios espera de nosotros es que seamos fieles en todo lo que nos atañe, tanto en lo secular como en lo espiritual. La más alta exigencia a la que se ve sometido el cristiano es que sea fiel a Dios, a los suyos y a lo suyo.

Si hiciéramos una encuesta sobre la preferencia que tienen las personas en cuanto a las palabras *éxito* y *fidelidad*, estoy seguro de que la palabra éxito obtendría la mayoría de los votos. Todo el mundo, en nuestra sociedad moderna, quiere ser exitoso. Existen cientos de libros que tratan sobre el tema de «cómo tener éxito», pero muy pocos en cuanto a «cómo ser fiel». Todos, en alguna medida, pensamos en cómo ser exitosos en el cumplimiento de nuestras responsabilidades, como seres humanos. Queremos ser exitosos en nuestro matrimonio, en nuestras vocaciones, en lo financiero, en lo relativo a las relaciones sociales, en la crianza de nuestros hijos. Todos queremos ser exitosos. Las palabras del apóstol Pablo declaran que existe algo más importante en este mundo que tener éxito y eso es ser *fiel*.

No tengo nada en contra del éxito, al contrario, es una satisfacción poder desarrollar nuestras tareas y cumplir nuestras responsabilidades con resultados positivos y beneficiosos. El problema es cuando hacemos del éxito nuestro principal objetivo y el afán diario por alcanzarlo actúa en detrimento de la relación con Dios y con el prójimo. Cuando les doy más importancia a mis logros personales que a la voluntad de Dios en mi vida. Cuando antepongo mis intereses a los de Dios. Son muchos los líderes que se han cubierto de gloria por sus hazañas en sus ministerios o trabajos seculares; sin embargo, sus vidas personales —su familia y sus amigos— son un fracaso. Hombres exitosos con hijos amargados por la falta de atención de un padre. Vidas atribuladas por la codicia del progenitor por sobresalir y ser reconocido.

Recuerdo un diálogo que tuve con la hija de un amigo pastor muy sobresaliente en sus labores ministeriales. En la celebración por su jubilación del ministerio, ella me comento: «Gracias a Dios que papi se jubila, porque ahora podré tener un padre, ya que toda mi vida lo que he tenido en mi hogar es un pastor». El afán por tener éxito ha nublado la sensibilidad de muchos líderes, tanto que han perdido de vista lo que es la voluntad perfecta de Dios para sus vidas.

Es ese anhelo de éxito lo que ha causado la frustración y la angustia de muchos líderes. La presión de ver a otros tener resultados que ellos no han alcanzado los ha llevado a sentirse con complejos de inferioridad; a muchos los ha llevado a asumir conductas poco éticas con el fin de sobresalir y aparentar estar a la altura de los que triunfan. Sin embargo, ¿a qué nos ha llamado Dios, a tener grandes congregaciones, grandes edificios o a tener el reconocimiento de la comunidad? ¿Nos ha llamado a ser influyentes en la sociedad y a tener renombre entre los políticos? Sinceramente, estoy seguro de que ese no es el llamado al que el Señor nos insta.

Pongamos en perspectiva que ser fiel y leal al Señor es la clave para agradar a Dios. No he dicho «agradar a las multitudes». Cuántos han perdido de perspectiva el evangelio de Jesucristo y se han enfocado en el evangelio de los líderes religiosos con intereses personales. Vemos personas que están bajo la cobertura de fulano y mengano porque son reconocidos y exitosos en sus ejecutorias. Tomemos el ejemplo de Felipe para ilustrar lo que realmente espera Dios de todo siervo suyo. El ministerio de Felipe se encontraba en la plenitud de su apogeo, podríamos decir —usando la perspectiva de estos tiempos— que era un predicador muy exitoso. Campañas poderosas, gente siendo sanada, salvada y reconocido por toda la comunidad de los samaritanos. Pienso que hasta las autoridades gubernamentales respetaban a ese poderoso predicador. Sin embargo, vemos la actitud de Felipe con respecto a obedecer a Dios y no seguir la tendencia popular de buscar reconocimiento e influencia. Dios lo llevó al desierto, no hubo ningún esfuerzo por promocionarse ni nadie que le coordinara las actividades de su ministerio. Lo que había simplemente era la necesidad urgente de un hombre.

El Nuevo Testamento no menciona nada sobre la vida del eunuco después de su encuentro con Felipe. Tanto Ireneo como Eusebio relataron que se convirtió en misionero, compartiendo su testimonio en forma activa en su nación. Aunque no podemos confirmar ese dato respecto al efecto del mensaje de Felipe después de ser trasladado, estamos seguros de la satisfacción en el siervo de Dios después de dejarse guiar por el Espíritu Santo y no por el reclamo de las masas.

Lo más importante en el ministerio de un siervo o sierva de Dios es que sean reconocidos como fieles a aquel que los llamó. La Biblia nos da un claro ejemplo de lo que es la fidelidad a Dios por encima de cualquier interés personal o colectivo. Se trata del caso de Caleb. Cuando hubo la repartición de las tierras a las tribus de Israel en la Tierra Prometida, surgió un incidente interesante. El más viejo de todos los que se aventuraron a espiar esa tierra alzó su voz ante el líder Josué y pidió lo que le correspondía.

Cuando uno sabe que ha hecho lo requerido para obtener un premio, lo reclama; puesto que está muy seguro de que le pertenece. Ese anciano, ante los ojos de los demás, tuvo la valentía de reclamar lo suyo. ¿Quién era ese Caleb? Caleb pidió el monte de Hebrón, terreno nada de fácil, por varias razones. Primero, el contrincante al que enfrentaba no era cualquier clase de enemigo, se trataba de gigantes que vivían en ciudades amuralladas. En segundo lugar, la tarea de ocupar el monte no era sencilla, requería pelear cuesta arriba contra muchos guerreros experimentados.

A eso se le añade el hecho de que el ambiente que le rodeaba era de incredulidad. Tuvo que vivir y asociarse con los de su nación por cuarenta años hasta que surgió una nueva generación. Finalmente, Caleb tenía ochenta y cinco años, habían pasado cuarenta y cinco años desde que Dios les hizo la promesa. Como podemos ver, las promesas de Dios requieren paciencia. ¿Cómo pudo mantenerse en su fe y ser fiel a Dios durante todo ese tiempo?

Debemos mantener viva la visión que tenemos acerca de la intención de Dios con nuestras vidas. El propósito de Dios es bueno y tiene un plan diseñado para cada uno de nosotros (Jeremías 29:11). Así como Caleb, que tuvo la oportunidad de ver la tierra y la pisó durante su viaje exploratorio, también nosotros hemos palpado su presencia y la

seguridad de su palabra en cuanto a que viviremos eterna-
mente con Él.

Caleb no solo tuvo una visión clara, Dios mismo le pro-
metió que le daría la tierra, así que contaba con la palabra
de Dios, la cual le garantizaba la posesión. Su compromiso
y su confianza en Dios eran tan obvios que se arriesgó a que
el pueblo lo apedreara por mantenerse firme en sus convicciones (Números 13:30). Su carácter impresionó a Dios
(Números 14:24).

Aunque Caleb tenía la promesa, debía pelear por ella y
conquistarla en el momento oportuno. Tenemos que mantener claro en nuestras mentes que estamos en guerra para
tomar lo que Dios nos ha prometido. ¡El enemigo se resiste
a dejarte tomar posesión de lo que te pertenece! Tenemos
que determinarnos a asirnos firmemente y a seguir adelante
puesto que tenemos la promesa. «Porque todas las promesas de Dios son en él Sí, y en él Amén, por medio de nosotros, para la gloria de Dios» (2 Corintios 1:20).

Caleb le había dado todo a Dios. La religiosidad no te
llevará nunca a la promesa de Dios. Los miedosos no toma-
rán el monte para Dios. Caleb había seguido a su Dios todo
el tiempo. ¿Estamos realmente siguiendo a Jesús o, acaso,
estamos tratando de que Él nos siga a nosotros? ¿Hemos
comprometido y consagrado todo a Dios: las familias, las
finanzas, la fe y nuestro futuro? Caleb fue un conquistador
y como tal estaba comprometido. Debemos comprometer
todas las áreas de nuestras vidas o nunca conquistaremos
ninguna montaña. En esta vida —tan parecida a la de
Canaán—, la única forma en que podemos vencer los obstáculos es a través del compromiso con Dios.

Atrévete a conocer su voluntad, atrévete a comprometerte con su causa, atrévete a ver los logros que Dios tiene reservados para ti en esta vida que te ha prometido. La confianza de Caleb lo llevó a tener valor y coraje. No había una forma fácil de conquistar ese terreno. Nunca conquistaremos nada si pasamos el tiempo sentados en una silla mecedora. Debemos estar determinados a conquistar a nuestros adversarios y al monte en el nombre de Dios. En un momento dado, todo el mundo se enfrentará a dificultades y tiempos difíciles. El apóstol Pedro afirma lo siguiente: «… resistid firmes en la fe, sabiendo que los mismos padecimientos se van cumpliendo en vuestros hermanos en todo el mundo» (1 Pedro 5:9). Los adversarios y la oposición vinieron contra Caleb y tuvo que superar algunos obstáculos para poder conquistar el monte. Aunque la victoria ya es nuestra, tenemos que salir y tomar el monte.

No permitas que el éxito de otros abrume tus pensamientos y pierdas la sensibilidad a la dirección del Espíritu Santo. Billy Graham fue entrevistado por un reportero que estaba fascinado con el éxito del evangelista. Este le preguntó si él anticipaba una gran recompensa en el cielo debido a los millones de personas que había impactado a través de su ministerio mundial. Billy Graham le contestó que no estaba seguro de la magnitud de su recompensa, solo afirmó: «Dios es el juez y Él decidirá». Pero de una cosa estaba seguro y era que otras personas recibirían mayores recompensas que él.

Al concluir la entrevista, Billy Graham expresó las siguientes palabras: «Verás, no hemos sido llamados a ser exitosos. Hemos sido llamados a ser fieles. Ser fiel es ser leal a tu Señor y Dueño, ser digno de la confianza de tu Señor. ¿Puede el Señor confiar en ti?». De manera que ser fiel significa ser responsable. Tenemos la obligación, con nuestro Señor, de ser administradores responsables de todo lo que Él haya puesto en nuestras manos. Cada centavo que poseemos, cada talento que tenemos, cada don, cada hora del día, cada recurso, cada oportunidad le pertenece a Dios. Somos responsables ante Él por todo. ¿Eres un administrador responsable con todo lo que Dios ha depositado en tus manos? ¿Tomas en serio las oportunidades que Dios te da?

¿Qué es la infidelidad? No hacer lo máximo por tu Señor. No llevar a cabo la labor que puedes realizar. Es seguir las tendencias actuales a favor de nuestra protección y beneficio. Fidelidad es hacer lo mejor que puedas con las habilidades que tienes y lo que se te ha confiado. Pedro nos dice: «Cada uno según el don que ha recibido, minístrelo a los otros, como buenos administradores de la multiforme gracia de Dios» (1 Pedro 4:10).

El creyente fiel permanece en la batalla hasta que la gana. Mientras dure la batalla estaremos ahí, no hay tiempo para rendirse. «Sé fiel hasta la muerte y yo te daré la corona de la vida» (Apocalipsis 2:10). Dios espera que seamos fieles hasta el final. No somos de los que se rinden, los que se desaniman cuando el trabajo es arduo, los que se cansan cuando el matrimonio tiene problemas, los que se rinden cuando llega la enfermedad. Hay personas que claudican ante el asomo de cualquier dificultad. La fidelidad no se mide por los resultados, sino por la actitud hacia el trabajo.

Todo lo que es nacido de Dios estará expuesto a la resistencia en el mundo espiritual; de modo que, si no estamos totalmente comprometidos con lo que hacemos, será fácil rendirnos. Tenemos que comprometernos con lo que Dios nos ha dado. En 2 Timoteo 4:10, Pablo menciona el abandono de Demas, que amaba al mundo más que al evangelio. Estaba con Pablo y al principio le iba bien, pero —en el camino— abandonó al apóstol, porque amó más al mundo y a las cosas del mundo. Su corazón no estaba en el ministerio, estaba en el mundo.

Es probable que cuando Pablo cayó preso, Demas sintió la presión y se rindió; su servicio ministerial comenzó, pero no pudo terminar. Sin embargo, el testimonio de Pablo es diferente, como lo vemos a continuación: «He peleado la buena batalla, he acabado la carrera, he guardado la fe» (2 Timoteo 4:6-7). Pablo mantuvo su fe hasta el final. ¡Lo importante no es cómo comienzas la carrera, sino cómo la terminas! Pablo la terminó triunfante. Hizo un compromiso y se mantuvo firme con el mismo hasta el final.

Lo importante no son las grandes cosas que hacemos para Dios, lo relevante es que seamos fieles en las cosas que Él nos ha dicho que hagamos. La fidelidad habla de compromiso, por eso me aferro a lo que Dios me ha dado; no importa lo que me cueste. Cumpliré con lo que Dios ha depositado en mis manos y no me detendré. No importa si es algo grande o pequeño. Retomar el principio de la fidelidad es una urgencia en lo personal y en lo colectivo, si queremos ver las manifestaciones de la bondad, el amor y la misericordia del Señor.

Un cristiano fiel a Dios y a los suyos es un arma poderosa en las manos del Señor. De nuestra fidelidad dependerá qué tanto nos pueda bendecir y usar el Señor para su honra y su gloria. Dios requiere que seamos fieles hasta el final. ¡Cuán importante es cumplir con este mandato! Décadas atrás era un honor el ser fiel a las instituciones para las cuales uno trabajaba. Los japoneses, por ejemplo, eran famosos porque los trabajadores eran fieles a sus jefes corporativos; de modo que, una vez que comenzaban a laborar en sus empresas continuaban allí hasta que se jubilaban. Hoy, sin embargo, eso no existe. Eso pasó de moda y cada cual, ahora, busca lo que mejor le convenga. La fidelidad ha pasado a ser algo desconocido y poco respetado entre las nuevas generaciones.

Antes, en nuestras iglesias, existía la lealtad a la organización, había respeto por la jerarquía, se honraba al pastor y era respetado como figura principal de la congregación. No obstante, la tendencia en nuestros tiempos es opuesta totalmente a lo ya expuesto. Si no me gusta o no me tratan bien en esta iglesia me voy a otra y si allá tampoco me gusta voy a otra congregación. Así es el ambiente en nuestra sociedad en cuanto a —prácticamente— todo. Se perdió la lealtad y la fidelidad a las organizaciones y a las personas. Existen razones para que eso ocurra, algunas válidas, otras caprichosas y aun otras carentes de compromiso y de disciplina. Muchos se van tras las ofertas que otros les hacen, prometiéndoles villas y castillos. Al seguir esas voces, en muchas ocasiones, se exponen al naufragio espiritual y hasta emocional. Como dice el dicho: «Se dejan llevar por los cantos de sirenas».

¿Debemos nosotros ser fieles? ¿Cómo somos fieles a Dios? A menudo encontramos a muchas personas que, bien sea por leer la Biblia o por asistir a un servicio religioso, solo buscan las bendiciones. Esa es su principal motivación. Las condiciones no son de interés para ellos, lo que les mueve esencialmente son las bendiciones. Obtener lo mejor de la vida, sin dar nada a cambio. Asidos del convencimiento que tienen muchos, creen que Dios y el mundo les deben algo, pero ellos no le deben nada —en este caso, fidelidad— a Dios ni a los que les rodean.

> **«Nuestra vida de fe solo podrá ser victoriosa según el lugar donde la tengamos colocada».**

Nuestra vida de fe solo podrá ser victoriosa según el lugar donde la tengamos colocada (Mateo 7:24-25). Cuando nuestra fe está en —o sobre— el fundamento de Cristo y su palabra, aunque soplen los huracanes más terribles, aunque rujan las muchas aguas y los infiernos golpeen con todo su furor, esa fe —puesta en Dios— ha de permanecer incólume. Porque nuestra fidelidad a Dios sobrepasa aun por encima de todo obstáculo que el enemigo levante contra nosotros, hasta la propia muerte.

Los de la iglesia de Corinto comenzaron a distraerse por cosas de menos importancia, por lo que perdieron de vista lo que realmente debía tener mayor significado para ellos. Es fácil, para nosotros, cometer el mismo error: enfocarnos en asuntos irrelevantes y perder de perspectiva lo que vale la pena. ¿Cómo podemos evitar que nuestro enfoque se desvíe de manera tal que seamos fieles a Dios? A continuación tenemos algunas recomendaciones valiosas:

- Evita codiciar los logros de otros compañeros y enfócate en lo que Dios te ha comisionado. Planifica para que tengas resultados que agraden a Dios y no al hombre.

- Permanece atento a las advertencias que la Biblia presenta a cada seguidor de Cristo. Pablo habla de los requisitos para ser fieles, no para juzgar ni para vanagloriarnos, ni para enorgullecernos de nuestras relaciones. Pablo hace varias preguntas para recordarnos que todo lo que tenemos lo hemos recibido de Dios, entre ellas: ¿Quién te distingue? O ¿qué tienes que no hayas recibido? Y si lo recibiste, ¿por qué te glorías como si no lo hubieras recibido? ¿Cómo podemos serle más fieles al Señor? Prestando atención a las advertencias de la Biblia.

- Por último, proponte como meta imitar a los fieles seguidores de Dios. En los versículos 15 al 17 de Filipenses 3, el apóstol Pablo nos exhorta a imitar a las personas que siguen a Cristo. Imita a Pablo «y a los que así se conducen según el ejemplo que tenéis en nosotros». En Filipenses 4:9, insiste con lo mismo: «Lo que aprendisteis y recibisteis y oísteis y visteis en mí, esto haced; y el Dios de paz estará con vosotros». Como creyentes estamos conscientes de que Dios está con nosotros, que el Espíritu de Dios habita en nosotros. Conocemos el evangelio, que Dios nos ama y que envió a su Hijo a morir en la cruz por nuestros pecados. Asumimos todo eso por fe, desde su muerte hasta su resurrección, y que tendremos vida eterna. Así que, si somos cristianos, ¿por qué no imitar a alguien que está siguiendo al Señor? Una posible razón es que tendemos a olvidar esa meta. Es por eso por lo que Pablo afirma lo siguiente: «Por esto mismo os he enviado a Timoteo, que es mi hijo amado y fiel en el Señor, el cual os recordará mi proceder en Cristo, de la manera que enseño en todas partes y en todas las iglesias» (1 Corintios 4:17). Como creyentes tendemos a olvidar y es por eso por lo que debemos fijarnos metas para alcanzar una mayor espiritualidad, nuevas metas para seguir al Señor de cerca.

Dios desea que seas fiel a Él, que obedezcas su Palabra, que forjes metas espirituales y que seas humilde ante el Señor, de manera que todo eso redunde en serle fiel a Él hasta el final. ¿Dónde has tropezado? ¿Has seguido el canto de las sirenas modernas que te ofrecen tanto y no te han cumplido? ¿Has descuidado tu intimidad con Dios? Hoy es el día de rehacer el pacto con Dios, serle fiel hasta su venida o tu partida.

CAPÍTULO 12

Enfrenta lo inesperado

«Cuando esperaba yo el bien, entonces vino el mal;
y cuando esperaba luz, vino la oscuridad».
—Job 30:26

Se acercaba la etapa final del proyecto de renovación del templo. Se había hecho un análisis consciente del presupuesto necesario para su finalización. Sin embargo, como en la mayoría de los proyectos de esta magnitud, comenzaron a añadirse áreas nuevas duplicando el presupuesto necesario para completar la obra. Cada etapa era evaluada en forma minuciosa y detallada. Mi hija —ingeniera de profesión—, que fungía como encargada del proyecto, hacía todo lo posible para lograr que el dinero disponible rindiera lo máximo.

Además de la extrema preocupación por los gastos del proyecto, en ese tiempo surgió la arremetida del huracán María que azotó a nuestro país. Ese fenómeno atmosférico destruyó nuestra isla prácticamente en su totalidad; estuvimos sin electricidad varios meses, el sistema de acueductos colapsó y las comunicaciones cesaron. Era un cuadro desolador, la desesperanza y la angustia se reflejaba en el rostro de todos los puertorriqueños. Los proyectos en curso tuvieron que detenerse, los medios de transportación no podían funcionar a la perfección, comenzaron a escasear los productos básicos y los materiales necesarios para ejecutar cualquier obra.

Así que, a la pesada carga del presupuesto del proyecto se le sumaron los daños causados por el huracán María. Una constante oleada de pensamientos perturbadores inundaban mi mente con pesimismo y negatividad en cuanto a la finalización exitosa de la renovación del templo. ¿Podría terminar el santuario? La incomodidad de las instalaciones temporales, la escasez de materiales y la seguridad de los empleados, entre otros pensamientos, abrumaban mi capacidad de razonar y pensar en forma lógica.

Comencé a sentir ataques constantes del enemigo tratando de manipular mis pensamientos, era una arremetida feroz para desestabilizar mis emociones y descontrolar mis acciones. Lograr canalizar efectivamente el proceso mental en tales circunstancias es fundamental para mantener la salud, tanto física como emocional y espiritualmente. Es en esos momentos que debemos hacer uso de las armas espirituales del creyente, acudiendo a la Palabra de Dios y «echando toda vuestra ansiedad sobre él, porque él tiene cuidado de vosotros» (1 Pedro 5:7).

Con cuánta frecuencia intentan, las circunstancias de la vida, dictarte la forma en que debes sentirte. Job se encontró en medio de ese tornado de vientos contrarios, a tal punto que llegó a expresarse influenciado por las circunstancias adversas que afectaban su vida. Nosotros también caemos presos de esa tendencia. Cuando las cosas están bien, nos sentimos bien. Cuando las cosas andan mal, nos sentimos mal.

A Dios, sin embargo, no lo afecta nada ni se deja influir por las circunstancias. A Él no le preocupan los vientos huracanados, ni se atemoriza con los temblores violentos de la vida. Los problemas no son un elemento a considerar en la manifestación de Dios a favor de sus hijos. Tenemos que admitir que, en lo que a nosotros atañe, nuestro carácter se ve afectado por las calamidades. Transitamos en esta vida como si anduviéramos en una montaña rusa. Pero sabemos que Dios siempre es más grande y más poderoso que nuestras circunstancias. Es por eso que el apóstol Pablo escribió: «Por lo cual estoy seguro de que ni la muerte, ni la vida, ni ángeles, ni principados, ni potestades, ni lo presente, ni lo por venir, ni lo alto, ni lo profundo, ni ninguna otra cosa creada nos podrá separar del amor de Dios, que es en Cristo Jesús Señor nuestro» (Romanos 8:38, 39).

Canalizar nuestras ansiedades y aflicciones hacia Cristo es clave para poder sobrevivir en un ambiente tan hostil y nocivo para el líder cristiano. Pensamientos de derrota, de inferioridad, de ineficiencia e incapacidad pueden desbordar tu recipiente emotivo y hacerte inoperante. Un apreciado compañero en el ministerio, en su afán por edificar un santuario, empleó una cantidad exagerada de tiempo y esfuerzos, al punto que sufrió un desgaste físico y tuvo que ser relevado de sus funciones pastorales por un tiempo. Luego de meses de descanso y consejos sabios de otros compañeros ministros pudo recuperarse, regresó y pudo terminar a duras penas el santuario que había comenzado.

¿Qué causó el deterioro emocional y físico de ese compañero? La misma causa que me hubiera afectado a mí, si no hubiera reconocido a tiempo que hay tiempo para todo. Tiempo para trabajar, tiempo para organizar y planificar, pero también tiempo para descansar y estar quietos esperando la dirección de Dios. Mi afán por terminar el templo para una fecha en particular no se materializó, el huracán determinó otra fecha y bajo otras circunstancias. ¿Tenía yo control de ese evento? ¿Podía detener los embates de ese fenómeno? ¿Acaso estaba en mi poder construir una pared para que el fenómeno no nos causara daño? ¡No!

Cuando nos sentimos impotentes o incapaces de enfrentar obstáculos, tenemos que detenernos y dejar que Dios sea el que tome el timón de la embarcación. Al momento que comparto con ustedes esta experiencia y después de nueve meses logramos inaugurar el santuario, aunque no pude terminarlo en su totalidad, debido a mis responsabilidades a nivel internacional; además, fue otro compañero a quien Dios le permitió completar los detalles finales de la obra. El hecho de no poder completar la totalidad del proyecto del santuario era uno de los pensamientos que me angustiaban y me atormentaban. No era la primera vez que al terminar la construcción de un templo era asignado a otras responsabilidades.

Cuando comencé en mis funciones pastorales en la comunidad de Esteves de Aguadilla, Dios nos permitió comprar un terreno amplio y construir un hermoso templo al Señor. Durante nueve años nos dimos a la faena de llevar a cabo nuestra tarea ministerial, en la que Dios nos bendijo. Al cabo de diez meses de terminado el santuario fui trasladado a otra congregación, no sin antes resistirme al cambio.

Recuerdo que mientras oraba a Dios porque se materializara el deseo de quedarme y disfrutar aquello por lo que habíamos luchado tanto mi   esposa y yo, fui confrontado por una gran verdad. Mientras oraba, Dios me dijo claramente —como nunca lo había hecho— lo siguiente: «Esta iglesia es mía». En otras palabras, yo me consideraba hasta cierto punto dueño de aquel logro. Pero al escuchar aquella voz, inmediatamente me comuniqué y acepté el traslado. La experiencia que Dios nos dio en esa nueva congregación a la cual fui trasladado, fue maravillosa, sin comparación.

Reaccionar ante lo inesperado se nos hace difícil, hasta complicado, y eso se debe a que tenemos un conocimiento limitado acerca del tiempo de Dios. La realidad es que a nadie le gusta las experiencias negativas. Eso, a menudo, es frustrante y prueba nuestra fe. Es mucho más difícil cuando no tenemos garantía de que lo que esperamos pueda llegar. Los deseos que anhelamos, las oraciones pendientes o las noticias que estamos esperando oír, pueden tentarnos a ser impacientes y —por tanto— a desmotivarnos, a ser presas de la ansiedad y hasta a pensar si realmente a Dios le importa.

Todas las promesas de la Biblia son en Cristo Jesús, sí y amén. Pero no trabajan de acuerdo con tu calendario, de enero a diciembre; sino de acuerdo al calendario de Dios. La Biblia nos dice: «Un día es como mil años, y mil años como un día» (2 Pedro 3:8). Esto complica las cosas, extiende nuestra espera y la hace más dificultosa.

¿En qué momento fue Eva tentada a comer del fruto prohibido? Ella estaba consciente de que existía la fruta, la que debió ser deseable desde el primer momento en que la vio. Pero ¿sabes lo que tentó realmente a Eva a comerse ese fruto? El hecho de que el diablo la convenció de que Dios no tenía las mejores intenciones con ellos. Adán y Eva, entonces, decidieron actuar sin Dios, irse por su camino y morder el fruto prohibido.

Cuando Dios te diga que esperes, en medio de las circunstancias desconocidas por ti, confía en Él totalmente. Confía que Dios tiene lo mejor para ti. Al igual que Adán y Eva, si no le crees a Dios —si no crees que se preocupa por ti genuinamente— saldrás y tomarás la iniciativa para satisfacer tus deseos. Sin embargo, al fin y al cabo, saldrás del plan que Dios tiene para ti. No solo te desviarás de tu relación con Dios sino que eso te traerá dolores y angustias.

La espera es incómoda porque generalmente viene acompañada del silencio de Dios. Pero ese silencio es una herramienta poderosa para lo que estás esperando que Dios ha de hacer contigo. ¿Cómo podemos lidiar en medio de nuestra espera? Quisiera recomendarte tres cosas mientras esperas. Primero, esperar no significa que Dios haya detenido su plan contigo; lo que puede significar es que está trabajando en el desarrollo de tu carácter. Dios está más interesado en tu carácter, en la habilidad que tienes de reflejarlo en tu vida diaria. Por eso utiliza esos periodos de espera, para desarrollar un carácter piadoso en ti.

En la escalera de fe que presenta el apóstol Pedro (2 Pedro 1:5-7), este nos muestra los pasos en el desarrollo de nuestro carácter: «Vosotros también, poniendo toda diligencia por esto mismo, añadid a vuestra fe virtud; a la virtud, conocimiento; al conocimiento, dominio propio; al dominio propio, paciencia; a la paciencia, piedad; a la piedad, afecto fraternal; y al afecto fraternal, amor».

Cuando esperas, desarrollas paciencia y también piedad, estás forjando tu carácter. Todos sabemos que Moisés fue el que libertó al pueblo de Israel de la esclavitud de Egipto. Pero la primera vez que Dios se le reveló no fue en la zarza ardiendo, fue mucho antes que eso (Hechos 7:23-25). Tenía solo cuarenta años cuando eso pasó; ya conoces el resto de la historia, huyó al desierto.

Imagínate qué estaría pasando por la mente de Moisés en el desierto mientras pastoreaba las ovejas. Los primeros años esperaría, finalmente se olvidaría de la visión. Pensaría que eso nunca vino de Dios. Dios tuvo que intervenir nuevamente, a través de la zarza. Sin embargo, en todos esos cuarenta años, Dios estaba trabajando en el carácter de Moisés. Cuando recibió la visión, era un hombre diferente. Era joven, enérgico y dependía de sus fuerzas. Era un príncipe de Egipto en ese tiempo, ostentaba cierto poder y autoridad.

Como joven era impaciente e impetuoso, por eso mató al egipcio que maltrataba al hebreo. Luego trató de erigirse en juez entre dos hebreos que peleaban. Usó en ese tiempo su fuerza, su sabiduría y los medios disponibles. Ahora que Dios había completado la obra en él, Moisés sabía que su fuerza no era nada, no tenía poder para hacer nada. Por ello, en su ignorancia, contiende con Dios para que escogiera a otro para esa gran tarea.

Cuando aprendió a depender totalmente de Dios, Dios completó la visión a través de Moisés. En Números 12:3 se nos dice que no hubo un hombre tan manso como Moisés sobre la faz de la tierra. Así que, mientras esperas, Dios hace tres cosas: primero, trabaja en tu carácter. Debes ser paciente, puedes perseverar solo si mantienes tus ojos enfocados en Dios. ¡No en lo que tú esperas! En Hebreos 11:27, encontramos un texto interesante: «Por la fe dejó a Egipto, no temiendo la ira del rey; porque se sostuvo como viendo al Invisible». El éxito se debió a su perseverancia y perseveró porque se mantuvo enfocado en Dios.

Segundo, debes sentir paz en tu interior porque —a través de esa espera— Dios prepara las habilidades y destrezas que vas a necesitar en tu vida de creyente. Mientras moldea tu carácter, te da forma, te quita el orgullo y la dependencia de ti mismo; por otro lado, prepara tus destrezas y habilidades para recibir el llamado, la bendición que tiene para ti.

Los estudiosos del texto bíblico dicen que cuando el profeta Samuel fue a la casa de Isaí, David tenía entre 10 a15 años. Sin embargo, no llegó a ser rey inmediatamente. Tuvo que esperar hasta los treinta. Pero en esa época, ¿qué estaba ocurriendo? Por mucho tiempo trabajó para Saúl. Dios lo estaba preparando, primero bajo la tutela de un rey para que estuviera equipado para ser el primer mandatario de su pueblo. No hay duda de que su primera victoria fue con una honda y unas piedrecitas, pero después no volvió a pelear batallas con una honda ni con piedras. Estaba preparado, adiestrado por Dios. Es por eso por lo que David, en él Salmo 144:1, dice: «Bendito sea Jehová, mi roca, quien adiestra mis manos para la batalla, y mis dedos para la guerra». Él le atribuye su adiestramiento únicamente a Dios, el sabía que fue Dios el que le dio esas destrezas. En 1 Pedro 5:6-7 encontramos la exhortación: «Humillaos, pues, bajo la poderosa mano de Dios, para que él os exalte cuando fuere tiempo; echando toda vuestra ansiedad sobre él, porque él tiene cuidado de vosotros».

«Mantén tu mirada en lo que no ves».

Tercero y último, mantén tu mirada en lo que no ves, ¿sabes por qué? Porque Dios está en el proceso de preparar las circunstancias mientras esperamos en Él. En el libro de Ester, encontramos la narración acerca de la noche que el rey no pudo dormir, cuando ordenó que le llevaran el libro de las memorias de su reinado para que se lo leyeran. En esa lectura salió a relucir la trama de un atentado contra la vida del rey, atentado que fue frustrado por Mardoqueo. «¿Qué honor y reconocimiento le han dado a este hombre?», preguntó el rey. Es aquí donde comienza la debacle de Amán. Dios trabaja por caminos misteriosos.

Los persas eran reconocidos por la manera generosa en que honraban a aquellos que hacían buenas obras al rey o que le servían. Sin embargo, Mardoqueo no había sido recompensado por su acción a favor del monarca. Se supone que la lectura del libro le causara sueño al rey, pero —al contrario— le despertó la curiosidad por aquel atentado frustrado. Así que ahora tenía que hacer algo inmediatamente: honrar a Mardoqueo. Dios, en su plan soberano, hizo que el rey no pudiera dormir, y con ello cambió todo el escenario, de modo que Mardoqueo fuera reconocido. La sabiduría de Dios actúa en el momento justo. En nuestras vidas, Dios prepara las circunstancias a nuestro favor de una manera parecida y a su justo tiempo.

El tiempo de Dios siempre es perfecto. Nunca llega antes ni después. Mientras esperamos los momentos que no están a la altura de nuestras expectativas, Dios trabaja detrás del escenario. Lo que debemos hacer es confiar en Dios. No confíes en tus fuerzas, espera en Él. Simplemente espera y reconoce quién es Dios. Cuando Dios les dijo a Abraham

y a Sara que iban a tener un hijo, ellos pensaron que ten-
drían que hacer algo para que se cumpliera ese milagro. Sin
embargo, lo único que Dios deseaba era que ellos confiaran
en Él y esperaran. Siempre hay algo trabajando a tu favor
mientras —aparentemente—, nada está pasando en tu vida.
Dios trabaja mientras tú esperas (Proverbios 3:5).

CAPÍTULO 13

Completos en Cristo

«Vosotros estáis completos en él, que es la
cabeza de todo principado y potestad».
—Colosenses 2:10

Un comerciante de artes, cuya posición económica era
muy holgada, envió a un agente a comprar unas pinturas muy preciadas. Este, después de buscar diligentemente,
regresó a informar sobre la búsqueda a su jefe. Al fin había
encontrado las pinturas encargadas. Las halló en uno de
los almacenes de su jefe. El caso es que el comerciante ya
había adquirido lo que estaba buscando. Si estamos en Cristo necesitamos descubrir lo que ya tenemos.

Como líderes, nos aferramos a añadir más cosas para tratar de convencer a Jesús de que nos ame. Agregamos reglas,
regulaciones, dogmas como, por ejemplo: «Haz esto». «No
hagas esto o aquello». «Debes tener esto o aquello», etc.
Sin embargo, la Biblia, a través del apóstol Pablo, nos hace
ver que eso es una pérdida de tiempo. En mis años de universidad, pertenecí a una organización cristiana llamada:
«Hermandad Colegial de Avivamiento». Al incorporarme a
ella como miembro, anhelaba ser como aquellos líderes que
se esforzaban y daban testimonio acerca de su fe.

Intentaba estar a la altura de ellos, sintiéndome que era inútil y que mis habilidades no estaban a la altura de las de ellos. Los sentimientos de inferioridad y las emociones negativas me embargaban, tanto que me quedaba corto en cuanto a lo que pensaba que era el cristianismo verdadero. Sentía que las demandas de Dios a la santidad eran inalcanzables para mí. Tenía que actuar y hacer cosas modelando a otros para poder agradar a Dios.

Siempre me sentía impotente ante las exigencias de ese Dios que demandaba tanto. El no poder alcanzar ese nivel de requerimientos, me desmotivaba, llevándome a sentimientos de culpabilidad y a una sensación general de tristeza. Pensaba en la existencia de una larga lista de reglas y regulaciones que necesitaba seguir para poder agradar a Dios, para que me amara y me salvara. Eso me hacía sentir que el amor de Dios era condicional. Parecía que nunca lograría alcanzarlo, que no existía una forma en que pudiera llegar a ese nivel de acercamiento a Dios. Quizás ese sea el sentimiento de muchos, a pesar de contar con años de experiencia e incluso en la culminación de su carrera ministerial.

Sin embargo, al abrir nuestras Biblias en Colosenses leemos lo siguiente: «Y a vosotros, estando muertos en pecados ... os dio vida juntamente con él, perdonándoos todos los pecados, anulando el acta de los decretos que había contra nosotros, que nos era contraria, quitándola de en medio y clavándola en la cruz, y despojando a los principados y a las potestades, los exhibió públicamente, triunfando sobre ellos en la cruz» (Colosenses 2:13-15). Estas palabras del apóstol Pablo nos hacen sentir un gran alivio.

En Cristo estamos completos, no necesitamos nada más; cuando miramos a Cristo en la cruz, vemos la obra de Dios en su plenitud, libertándonos del pecado. Quizás muchos, en el primer siglo —al mirar la cruz— pensaron que las reglas y las regulaciones de los judíos habían triunfado sobre Cristo, pero ocurrió lo contrario. Fue en la cruz donde Dios arrancó la armadura de las reglas que gobernaban la voluntad de los hombres.

Dios triunfó sobre los principados y las potestades del enemigo, potestades que pensaban lo contrario. Las aparentes debilidades y derrotas de nuestro Señor Jesucristo se sobrepusieron a las aparentes fortalezas del enemigo. Nuestra esperanza está fundamentada en la esperanza de vida eterna. La religiosidad se enfoca en los detalles de las cosas que no debes hacer y las que tienes que hacer. Dios se enfoca en la eternidad.

Intentar enfocarse en los detalles de las reglas no te hará más santo ni hará que Dios te ame más. Eso solo añadirá carga y te llevará a la frustración, haciéndote más inmerecedor de la gracia de Dios. El cambio verdadero llega cuando permitimos que el amor de Dios florezca en nuestras vidas y nos transforme. Reconocer el amor incondicional de Jesús por nosotros nos lleva a sentirnos aliviados de la carga que imponen las obligaciones religiosas que hemos arrastrado por tantos años.

Cristo anuló el acta de nuestra sentencia a muerte, la canceló cuando la clavó en la cruz. ¿Por qué entonces volvemos a los viejos rudimentos, añadiendo una pesada carga sobre nuestros hombros? Es esa carga la que lleva a muchos a sentir que no son merecedores de la gracia de Dios, creando ansiedad y falta de voluntad para atraer a otros a la causa. En Gálatas 5:6, Pablo indica que es la fe expresada a través del amor lo que realmente nos lleva a una transformación espiritual.

Es en Jesús que somos transformados. No necesitamos nada más. Si no estamos en Jesús, estamos perdiendo lo más importante de la vida y de este mundo. El gozo, la satisfacción, la libertad y la seguridad solo se logran cuando entendemos que en Cristo estamos completos, de acuerdo a lo que afirma el apóstol Pablo. La salvación es a través de Jesús, tus intentos humanos siempre serán inútiles. Jesús te amó, dio su vida por ti, acepta ese acto divino hecho por ti, simplemente vive para Él y en Él. Haciendo esto aprenderás a amarte a ti mismo y a otros.

Ante la realidad que enfrentamos como pastores y líderes llamados a combatir en el ejército del Señor, ¿cómo debe ser nuestra manera de conducirnos? El apóstol Pablo, ante la preocupación de que los creyentes de Colosas fueran persuadidos y engañados por la elocuencia de los falsos maestros, les exhorta en forma asertiva a mantenerse andando en lo que habían recibido: al Señor Jesucristo, su supremacía sobre todas las cosas y su suficiencia para suplir nuestras necesidades. Pablo sabía que el enemigo era capaz de disfrazarse como ángel de luz (2 Corintios 11:14). El mismo Señor reconoció la astucia del enemigo para engañar aun a los escogidos (Mateo 24:24).

Nuestro enemigo Satanás siempre ha estado tras toda artimaña para derrotar a la iglesia y a los siervos del Señor. En Corinto, fue responsable de la división entre los hermanos (1 Corintios 1:12-13). Utilizó su astucia para enredar a los creyentes en Galacia, de forma que volvieran atrás y abrazaran nuevamente la ley, así como hoy muchos están volviendo a los ritos y ceremonias judaicas alegando que es requisito para la salvación (Gálatas 1:6-9; 3:1-4). También ha utilizado los afanes y rudimentos de este siglo para crear desconfianza en la total y suficiente manifestación de Dios en nuestras vidas y ayudarnos a lidiar ante estos retos de hoy.

Los consejos del apóstol Pablo a los de Colosas, aunque iban dirigidos a la iglesia como colectividad, también se aplican a cada creyente como parte del cuerpo de Cristo. Eso incluye a aquellos llamados a cumplir con la responsabilidad de dirigir a otras personas como pastores y líderes. Hay tres advertencias que debes tener en cuenta para evitar la fatiga y la desmotivación como creyente y líder.

«Sin duda, el deseo de cumplir con las reglas y las pautas establecidas lleva al agotamiento y al desaliento».

El primer consejo va dirigido a nuestra habilidad para emitir juicio sobre todo ofrecimiento para llevar a cabo nuestro rol como líderes: «Mirad que nadie os engañe por medio de filosofías y huecas sutilezas, según las tradiciones de los hombres, conforme a los rudimentos del mundo, y no según Cristo» (Colosenses 2:8). Sin duda, el deseo de cumplir con las reglas y las pautas establecidas lleva al agotamiento y al desaliento cuando no podemos cumplir con ellas. Reconozco el lugar que tiene la filosofía y las tradiciones, sin embargo, permitir que las mismas me conduzcan ciegamente sin fundamento bíblico no es sabio. Cada cual debe evaluar el valor de cada tradición en nuestra sociedad y lo que la filosofía añade a favor de lo que ya la Biblia establece.

El querer estar cumpliendo con esas reglas y pautas solo añade estrés y frustración, las cuales llevan a desenfocarse de las cosas que sí son necesarias, que alimentan el espíritu y el alma. Pedir a Dios sabiduría ante esas cargas emocionales y mentales es clave para poder tomar las decisiones que sean necesarias. Tengamos cuidado con los engaños y decepciones de las tradiciones o filosofías centradas en el pensamiento humano y que niegan a Cristo como centro. Recuerda las palabras del apóstol Pablo: «Porque la sabiduría de este mundo es insensatez para con Dios» (1 Corintios 3:19). En medio de ese engaño intelectual, la Biblia nos dice en el libro de Job: «Que [Dios] prende a los sabios en la astucia de ellos» (Job 5:13).

La esencia del evangelio es esta: «Y a vosotros, estando muertos en pecados y en la incircuncisión de vuestra carne, os dio vida juntamente con él, perdonándoos todos los pecados» (Colosenses 2:13).

CAPÍTULO 14

¿Qué nos sobrevendrá?

«Porque el temor que me espantaba me ha
venido, y me ha acontecido lo que yo temía».

—Job 3:25

Comencé a leer las Escrituras, como de costumbre, para iniciar la exposición del sermón dominical. Sin embargo, la conversación que sostuve con mi nieto, el día anterior, había dejado una profunda grieta en mi interior que atraía todos mis sentimientos y mis emociones.

Un nudo en mi garganta hizo que las lágrimas comenzarán a fluir por mis mejillas, al punto que no pude contener el sollozo ante la mirada de asombro de toda la congregación. Hice señas a uno de los ayudantes para que se encargara del servicio mientras me trasladaba con rapidez al baño con el fin de lavarme el rostro, contener mis emociones y volver a cumplir con la responsabilidad de alimentar a la grey. Mientras tanto, en mi interior, languidecía buscando una respuesta a aquella decisión de mi hijo.

La noticia, aunque el temor de su realidad rondaba en mis pensamientos con antelación, me dejó completamente desarmado antes las palabras de mi nieto Haniel. Su padre —mi hijo—, buscaba la ocasión para comunicármelo oficialmente. Sin embargo, él se le adelantó y, con su ingenuidad, derrumbó toda esperanza de que el ministerio de mi hijo permaneciera en nuestra organización.

En el libro de Job encontramos en el patriarca un temor por perder lo que tenía. Al estudiar el libro de Job, podemos inferir que las cosas que le ocurrieron fueron causadas por la intrusión de Satanás —que pidió autorización para zarandearlo— y por los temores que albergaba el patriarca en su corazón. Job había estado viviendo con esos temores a pesar de su relación con Dios. El hecho de que ofreciera sacrificios a Dios siempre que sus hijos se reunían a celebrar sus fiestas, indica la preocupación que tenía porque sus hijos hicieran algo que ofendiera a Dios (Job 1:4-5). El emperador Napoleón dijo: «El que teme a ser conquistado, de cierto será derrotado».

Job vivía con un temor en su vida, la creencia de que algo malo le iba a ocurrir, la sensación del peligro inminente, generaba en él ansiedad y pánico, un sentimiento muy desagradable. En cuanto al temor existe un principio muy acertado: «El temor se convierte en el magneto que atrae las cosas que más temes». Job permitió que el temor lo sobrecogiera; el temor a perder sus hijos, sus posesiones y su salud. Lo que temió fue, precisamente, lo que le ocurrió.

Así como la fe viene por el oír de la palabra y hace posible las promesas de Dios, también el temor se activa cuando escuchas la voz del enemigo susurrando a tus oídos. Al activarse el temor, este atraerá todo aquello que temes. ¿A qué le temes? ¿Qué ansiedades o pensamientos controlan tu mente? Es necesario que alimentemos nuestra fe constantemente con la Palabra de Dios y evitemos las influencias del enemigo en su afán por desviarnos de esa fe y sepultarnos bajo la arena del temor. Vence el temor con tu confianza en el Señor Jesucristo.

El autor Mauricio Wagner, en su libro *La sensación de ser alguien,* escribió: «El temor paraliza la mente haciéndonos incapaces de pensar con claridad. El temor de gran magnitud desorganiza la mente temporalmente, al grado de que la confusión llega a imperar. El temor también tiene la tendencia de multiplicarse; cuando tenemos temor quedamos inutilizados al grado de que llegamos a temer hasta de nuestros temores. No podemos hacer frente a los problemas cuando tenemos temor de ellos...»

La fe es un componente clave para vencer todo temor. Las emociones, alimentadas por la culpabilidad, tienden a llevarte a una total rendición en la que reinarán la confusión, la desesperanza y la ansiedad. En el libro de Isaías, vemos a Dios motivando al pueblo, dándole aliento: «No temas, porque yo estoy contigo; no desmayes, porque yo soy tu Dios que te esfuerzo; siempre te ayudaré, siempre te sustentaré con la diestra de mi justicia» (Isaías 41:10). El temor causa soledad cuando estamos en problemas que nos abruman por su complejidad. La fe nos provee un cuadro de nuestra insuficiencia ante el problema que enfrentamos y la necesidad de una total dependencia de Dios para conquistarlo.

La Biblia narra el momento cuando David, en plena huida de Saúl, sufre la invasión de su campamento por los de Amalec, asolándolo y prendiéndole fuego. Sus mujeres y sus hijos e hijas fueron llevados cautivos. Nos dicen las Escrituras que David alzó su voz y lloró, hasta que le faltaron las fuerzas. Además de ello, la angustia lo sobrecogió cuando todo el peso de la situación cayó sobre él y su vida estaba en peligro bajo amenazas de ser apedreado.

La actitud que asumió David es clave para enfrentar aquellos momentos que se tornan como un muro inconquistable e imposible de vencer. David se fortaleció en Jehová y procedió a consultarlo. Fíjate que David, bajo los efectos de sus emociones, pudo haber actuado como lo hizo Josué, que confió en su juicio y sus habilidades humanas y negoció un convenio con los de Gabaón, lo que perjudicó por largos años al pueblo de Israel. David tenía las destrezas de un excelente guerrero con hombres hábiles que podían salir a recuperar inmediatamente lo perdido.

Sin embargo, las fuerzas se habían agotado, los pensamientos frustrados impedían que estableciera un plan efectivo, ¿qué podía hacer ante aquel gigante mucho más poderoso que Goliat? Consultar a Dios (1 Samuel 30:8). Nuestras fuerzas no son ilimitadas, ni nuestro ánimo inagotable; somos seres frágiles templados por el Espíritu Santo para poder resistir los dardos del enemigo. Nuestro intelecto se frustra, nuestras fuerzas se debilitan, nuestras emociones se vuelven un torbellino a velocidades incontrolables, solo nos queda extender nuestras manos hacia Cristo para caminar sobre esas aguas turbulentas de la vida.

Hasta el día de hoy me asaltan las dudas en cuanto a por qué mis hijos han tomado decisiones que me han causado sentimientos encontrados, los que no puedo encausar apropiadamente. Trato de remontarme al pasado y analizar el proceso de crianza, el ambiente en el que se formaron cuando niños, adolescentes y jóvenes adultos. Me vienen a la mente los momentos de oración junto a la cama de mis niños y la continua repetición de versículos hasta lograr que se los memorizaran. La participación con ellos en las actividades recreativas y espirituales de la iglesia. No dejan de aflorar los dolorosos momentos en que debía aplicarles medidas disciplinarias por causa de sus travesuras y comportamientos no aceptables dentro del seno del hogar.

La llegada a sus estudios universitarios fue en escalada, cada uno de ellos seleccionó su profesión y el curso que quería darle a su vida. La llegada de otros hijos al ellos unirse a sus cónyuges fue otra grata experiencia. Doy gracias a Dios por canalizar la vida de mis vástagos y propiciar que encontrarán consortes con temor a Dios y cuya pasión es servir a Dios. En todo ese proceso, mi fe en Dios fue lo que me sostuvo para enfrentar las situaciones que eran imposibles de vencer con mis capacidades intelectuales y emocionales.

Muchos compañeros viven con la agonía de no ver a sus hijos sirviendo al Señor. Alguna mala experiencia en la iglesia, algún acto de maltrato hacia sus padres como ministros que ellos no pudieron soportar o la triste experiencia de sentir que los asuntos de la iglesia y sus miembros eran más importantes que sus necesidades como hijos, propiciaron la ausencia de un padre. Como indiqué anteriormente, no olvido a la hija de un colega que se jubiló, cuando me dijo: «Gracias a Dios que papi se jubila, porque ahora podré tener un padre, ya que toda mi vida lo que he tenido en mi hogar es un pastor».

Hoy esos compañeros jubilados viven con la carga de ver no tan solo a sus hijos sino a sus descendientes seguir un camino diferente al que ellos predicaron por tantos años.

Sin embargo, ¿por qué tanta emoción ante la decisión tomada por mi hijo? Fueron muchos los años transcurridos después de esa decisión, que pude descansar en Dios y entender que su plan para cada persona es un asunto que Él trata en forma individual y que mi deber es seguir el proceso de David, consultarlo a él y esperar que Dios conteste, ya sea a través de su voz audible, su palabra escrita o, como en mi caso, estabilizando mis emociones para dar paso a la paz que surge cuando reconocemos que los planes de Dios con mis hijos y conmigo son para bien y no para mal (Jeremías 29:11). El temor a lo que podía ocurrir se desprendió de mis emociones y mi confianza en Dios en el plan divino para su vida se hizo más evidente.

«Nuestra responsabilidad yace en darles a nuestros hijos el sentido de orientación necesario».

Nuestra responsabilidad yace en darles a nuestros hijos el sentido de orientación necesario para que sus vidas sean unas que agraden a Dios. Una vez logremos eso, será el mismo Dios el que iniciará un proceso personal con cada uno de ellos. Ya no podrás determinar qué camino o senda deben seguir; el consejo y la oración, simplemente, serán nuestros acompañantes de ahí en adelante.

Si no aprovechamos los primeros años de sus vidas para influenciarlos con una vida dedicada a Dios, el postrer estado de ellos no nos dejará entrar en su recámara con consejos e influencia.

Son seis décadas las que me han llevado a reconocer que el liderazgo es una vocación que debe ser ejercitada en forma integral y equilibrada. Nuestras relaciones deben ubicarse en su prioridad adecuada y con énfasis en la dirección de Dios para nuestra vida. Nuestra relación con Dios, con nosotros mismos, nuestra familia, el cuerpo de Cristo, la iglesia y la comunidad debe ser cuidadosamente evaluada y ajustada en el orden correcto. El temor no debe ser el vehículo que te lleve al próximo destino en tu vida.

CAPÍTULO 15

Reconoce el «Principio de Peter»

«... no tenga más alto concepto de sí que el que debe tener, sino que piense de sí con cordura».
—Romanos 12:3

Sus ojos destellaban satisfacción y alegría por la noticia que acababa de recibir, su jefe lo había promovido a una responsabilidad de mayor jerarquía con más autoridad. Fueron meses de mirada altiva y actitud orgullosa hacia aquellos que habíamos sido sus compañeros de equipo hasta ese momento. No transcurrió mucho tiempo cuando su falta de conocimiento y las técnicas requeridas para el rol que ahora ocupaba lo llevaron a la ansiedad y a la frustración. Su estado físico fue afectado al punto que tuvo que ser regresado a su posición anterior. La incompetencia para realizar la tarea fue la causante del desgaste emocional y físico de ese compañero.

Comparto con ustedes parte de un artículo que salió en el *New York Times*. «El predicador vestido con unos pantalones de mezclilla y con un micrófono inalámbrico ajustado a su oído, hacía gestos con sus manos a medida que utilizaba el proyector para dirigirse a la audiencia. Contaba la historia del Antiguo Testamento acerca del profeta Elías, cuya desmotivación lo llevó a orar por su propia muerte.

"El profeta —dijo el predicador a la congregación— estaba lleno de ansiedad, depresión y pensamientos suicidas. Clara señal de una enfermedad mental", enfatizó. Esto es algo acerca de lo que no queremos hablar, ¿verdad? Especialmente en la iglesia.

»El pastor había vuelto al púlpito tras una ausencia de cuatro meses, durante los cuales estuvo batallando con ataques de pánico y depresión severa. Era su primer mensaje en una serie sobre enfermedad mental que había titulado: "Enredo severo". Luego dio a conocer información acerca de las estadísticas sobre el suicidio, sobre los recursos disponibles para su ayuda y le dijo a la congregación que, si alguien estaba batallando con una enfermedad mental, debía saber que no era la única persona que sufría de eso. "Hay esperanza y, lo más importante, hay ayuda a su disposición", indicó el pastor. Doce días más tarde, se quitó la vida».

Una de las diez causas de muerte en Estados Unidos es el suicidio, aumentando sus estadísticas en cuarenta y nueve estados, desde el 1999 al 2016. Este dato es de acuerdo al centro para el manejo y prevención de enfermedades. En el 2016 solamente, cerca de 45,000 personas murieron por suicidio.

Hay un concepto en el campo de la teoría gerencial, publicado por Lawrence J. Peter en el año 1969. El mismo expone que la selección de un candidato para una posición se basa en el desempeño de su rol actual, más que en sus habilidades pertinentes a la posición que desea ocupar. Así, los empleados dejan de ser promovidos una vez dejan de ser efectivos en sus funciones, llegando a su nivel de máxima incompetencia.

Este principio básicamente establece que alguien que es útil en sus funciones será usado progresivamente hasta llegar a una posición en la cual dejará de rendir de manera eficaz. Existirá la tentación para esas personas de usar métodos que han funcionado antes, aunque no sean apropiados para la situación actual. Esta tendencia se observa en organizaciones donde las personas son promovidas en la jerarquía hasta que llegan a su nivel de incompetencia.

El principio de Pedro se basa en la idea lógica de que los empleados competentes continuarán siendo promovidos pero, en cierto punto, serán promovidos a una posición para la cual son incompetentes, y quedarán ahí porque no serán capaces de mostrar competencia adicional que se les reconozca para promociones adicionales. De acuerdo con ese principio, toda posición en una jerarquía dada, al fin será ocupada por alguien que no pueda cumplir las responsabilidades de la posición (Presentado por Dr. Laurence J. Peter en su libro titulado *El principio de Pedro*, en 1968).

El Dr. Peter también expresó en su libro que la falla en no estar debidamente competente para una posición no es resultado de una incompetencia general por parte de la persona, sino el hecho de que la posición requiere destrezas diferentes a las que el empleado promovido posee. Por ejemplo, una persona que es muy buena siguiendo reglas y procedimientos es promovido a una posición en la que se requiere que se creen políticas y procedimientos. El hecho de ser un buen seguidor de las políticas y los procedimientos no significa que el individuo esté preparado para crear políticas y procedimientos.

Te preguntarás por qué he extraído este principio para compartirlo en este libro. Se debe sencillamente a que la existencia de frustración, malas relaciones y disgustos entre el liderazgo es por el afán de ocupar posiciones en los niveles jerárquicos más altos dentro de una organización. Personas que se consideran capacitadas para dirigir una organización o grupo y hacen todo lo posible para ocupar la misma. Luego de ocupada la posición se dan cuenta de la magnitud de las responsabilidades y su inhabilidad para sostenerse en forma efectiva dando las directrices necesarias.

Comienzan entonces las largas horas de trabajo, los disgustos por parte de personas que notan su incompetencia y la falta de resultados significativos para la organización. Se estanca el progreso, se retrocede en el avance hacia la visión de la organización, etc. Pero sobre todo, la persona se expone a un estrés mayor y a unas exigencias incompatibles con sus destrezas y habilidades. Eso puede llevar a un estado crónico en el que peligre su salud emocional, generando una toma de decisiones que lo lleven al desánimo y a considerar la razón de su existencia.

Es bueno clarificar que el hecho de que una persona llegue a ese nivel de incompetencia no debe ser una razón para sentirse sin valía ni aprecio en la organización. Los errores son enmendables, pero es importante cuando reconocemos que hemos llegado al punto de que no tenemos la capacidad para ejercer ese nivel de responsabilidades.

Simón Pedro, fue uno de los primeros seguidores de Jesucristo. Era un discípulo franco y ferviente, uno de los amigos más cercanos de Jesús, apóstol y columna de la iglesia. Pedro era entusiasta, obstinado, impulsivo y, a veces, atrevido. Pedro tenía muchas fortalezas y también varios defectos. Aun así, el Señor lo escogió y continuó moldeándolo exactamente en lo que Él quería que Pedro fuera.

Pedro era parte del círculo íntimo de los discípulos de Jesús, junto con Jacobo y Juan. Solo esos tres estaban presentes cuando Jesús resucitó a la hija de Jairo (Marcos 5:37) y cuando Jesús se transfiguró en el monte (Mateo 17:1). En varias ocasiones, Pedro se mostró impetuoso, al punto que era imprudente. Por ejemplo:

- Fue Pedro quien dejó la barca para caminar sobre las aguas en dirección a Jesús (Mateo 14:28,29), pero cuando quitó sus ojos de Él, comenzó a hundirse (v. 30).
- Fue Pedro el que llamó aparte a Jesús para reconvenirle por hablar de su muerte (Mateo 16:22), por lo que fue rápidamente corregido por el Señor (v. 23).
- Fue Pedro el que sugirió que levantaran tres enramadas para honrar a Moisés, Elías y Jesús (Mateo 17:4), y se postró sobre su rostro con gran temor ante la gloria de Dios (vv. 5-6).
- Fue Pedro el que desenvainó su espada y atacó al siervo del sumo sacerdote (Juan 18:10), e inmediatamente se le dijo que metiera su espada en la vaina (v. 11).
- Fue Pedro el que se jactó de que nunca abandonaría al Señor, aunque todos los demás lo hicieran (Mateo 26:33), y más tarde negó tres veces que conocía al Señor (vv. 70-74).

A través de todos los altibajos de Pedro, el Señor Jesús siguió siendo su amoroso Maestro y fiel guía. Jesús reafirmó a Simón como Pedro, la «Roca», en Mateo 16:18,19,

prometiendo que él sería fundamental en el establecimiento
de la iglesia de Cristo. Jesús perdonó y restauró a Pedro, y
lo comisionó como apóstol (Juan 21:6-17). El liderazgo de
Pedro se observa a través de los primeros capítulos del libro
de Hechos.

- En el día de Pentecostés, Pedro fue el orador principal
  a la multitud en Jerusalén (Hechos 2:14), y la iglesia
  comenzó con una afluencia cercana a tres mil nuevos
  creyentes.
- Más tarde, Dios —a través de Pedro— sanó a un cojo
  que pedía limosna.
- Testificó audazmente ante el Sanedrín. Ni siquiera
  el arresto, ni los golpes ni las amenazas pudieron
  atenuar la determinación de Pedro de predicar a
  Cristo resucitado.

Las palabras de Jesús acerca de que Pedro sería fundamental en la edificación de la iglesia se cumplieron en tres
etapas: Pedro predicó el día de Pentecostés (Hechos 2).
Estuvo presente cuando los samaritanos recibieron el Espíritu Santo (Hechos 8). Finalmente, fue llamado a la casa
del centurión romano llamado Cornelio, que también creyó
y recibió el Espíritu Santo (Hechos 10). De esta manera,
Pedro «abrió» tres mundos diferentes y abrió la puerta de
la iglesia a judíos, samaritanos y gentiles.

**«Pedro experimentó algunos
quebrantos mientras maduraba».**

Aun como apóstol, Pedro experimentó algunos quebrantos mientras maduraba. Al principio, se había resistido a llevar el evangelio a Cornelio, un gentil. Sin embargo, cuando vio a los romanos recibir al Espíritu Santo de la misma manera que él, Pedro concluyó que «Dios no hace acepción de personas» (Hechos 10:34). Después de eso, Pedro defendió enérgicamente la posición de los gentiles como creyentes y se mantuvo firme en que no necesitaban conformarse a la ley judía (Hechos 15:7-11).

Sin embargo, a pesar de todos esos logros, me atrevería a decir que el apóstol Pedro pudo haber pasado por una situación parecida, en la que tuvo que reconocer que no tenía la capacidad para ser líder de la iglesia primitiva. Su indecisión con respecto a prácticas en la iglesia naciente de los gentiles y la falta de madurez en su comportamiento afectaron su credibilidad. El apóstol Pablo tuvo que corregir su proceder. ¿No te has preguntado por qué se menciona a Jacobo como el líder de la iglesia primitiva y no a Pedro?

¿Quién inició el proceso de evangelización en Jerusalén? ¿Quién se atrevió junto a Juan a enfrentar al Sanedrín con respecto a quién debían obedecer y serle fieles? Todo esto lleva a pensar que Pedro tenía sus capacidades espirituales, sin embargo, llegó a su límite con respecto a los requerimientos para que la iglesia tuviera el crecimiento exponencial que tuvo. Hizo falta alguien con la madurez de Jacobo y alguien con la intrepidez de Pablo.

¿Qué hacemos cuando llegamos al punto, en nuestra carrera como líderes, en que nuestras habilidades para ser eficaces y conducir una organización a resultados deseados y esperados desaparecen? Lo primero que todo líder debe tener claro es que Dios tiene un plan para su vida. Al someterse a la voluntad de Dios, se asegurará de obtener el nivel adecuado que vaya a la par de las habilidades y destrezas que posea.

Es importante que evites las presiones innecesarias de aquellos que desean que ocupes una posición en la organización, sin que estés debidamente preparado para ella. Debes evitar tener un concepto más alto de ti del que debes tener, produciendo unas expectativas sin fundamento que a la larga te llevarán al desfallecimiento de tu motivación al no lograr las expectativas de la posición.

Reconoce tu lugar y tu preparación. Acepta solamente las responsabilidades para las cuales estés seguro que puedes lidiar con ellas. Recuerda que Dios no te va a exigir más de lo que Él sabe que tú puedes rendir. No cedas a la tentación de seguir subiendo jerárquicamente, cuando —en realidad— ya alcanzaste el nivel para el cual fuiste preparado por Dios.

CAPÍTULO 16

Alcanza el plan de Dios

C omo líderes, nuestro contacto con las experiencias humanas excede lo que normalmente debería alcanzar. Nos exponemos a pensar en forma cínica, como le ocurrió al rey Salomón, lo siguiente: «Miré todas las obras que se hacen debajo del sol; y he aquí, todo ello es vanidad y aflicción de espíritu» (Eclesiastés 1:14). Es posible que aquella pasión e ingenuidad con la que ministrábamos en el Espíritu se haya desvanecido con el paso del tiempo. Solo queda el recuerdo de aquellas experiencias que vivimos, mediante las que —con entusiasmo— llevábamos a cabo la labor pastoral.

Hoy elaboramos extensas y elocuentes piezas de homilética para justificar la evidente aridez ministerial y la falta de consagración espiritual en nuestras vidas. Hemos perdido la pasión por las aguas tan notable en el bramido del ciervo. En vez de conformarnos con la sequedad y acudir al cinismo, miremos hacia el profeta Isaías, que abrazó la esperanza de un nuevo comienzo: «No os acordéis de las cosas pasadas, ni traigáis a memoria las cosas antiguas. He aquí que yo hago cosa nueva; pronto saldrá a luz; ¿no la conoceréis? Otra vez abriré camino en el desierto, y ríos en la soledad» (Isaías 43:18-19).

El esfuerzo para recibir las recompensas de la consagración no tendrán una respuesta inmediata, pero son seguras.

Nuestra perseverancia y paciencia nos llevarán a través de las aguas turbulentas y los vientos enfurecidos a una bonanza preparada de antemano por nuestro Señor. No desmayemos ante las aparentes derrotas en nuestros ministerios, nuestras familias o nuestras relaciones con la comunidad. Si tu fidelidad es incuestionable para con Dios, cualquier evento o situación es simplemente una oportunidad en la que Dios será glorificado y tu vida espiritual fortalecida.

Nuestros corazones han sido acondicionados por nuestro Dios y se han convertido en una fuente de vida. El diccionario define la palabra «fuente» como un manantial de agua que brota de la tierra, una corriente de abundancia y continuo flujo de agua. El libro de Proverbios nos dice que de nuestro corazón fluye la vida, por lo que nuestro corazón es la fuente continua de vida. Cuando la gente ve en nosotros —los líderes— esa fuente de vida, cobran conciencia de lo necesario que es tener una vida de intimidad con Dios.

Por el contrario, si solo ven muestras de fatiga y desolación, no se sentirán motivados a un compromiso firme con nuestro Dios. El nivel más alto de la organización será la proyección más baja del líder. Si el líder refleja desánimo y poca pasión por las cosas sagradas, la gente descenderá a un nivel más bajo en esa relación. Nuestra boca revela lo que hay en nuestro corazón.

En Mateo 12:34 se muestra una parte de la vida de Jesús en la cual, al confrontar a los religiosos de su época —que decían creer en Dios, pero con su vida mostraban lo contrario—, les habló fuerte y claro diciéndoles: «¡Generación de víboras! ¿Cómo podéis hablar lo bueno, siendo malos? Porque de la abundancia del corazón habla la boca». La boca siempre revela lo que hay en el corazón. Por tanto, ¿qué sale de tu boca?, ¿quejas, amarguras, palabras de doble sentido, mentiras, críticas, inmoralidad? o ¿sale verdad, amor, reconciliación, perdón, salvación?

De acuerdo a lo que tengas guardado en tu corazón, de eso va a hablar tu boca. Esta es la mejor manera de saber si hemos o no guardado nuestro corazón, poniendo atención a lo que decimos y a lo que hacemos. ¿Cómo estás subiendo al altar donde Dios te ha puesto para impartir su santidad a través de una vida de total sujeción a Cristo? Pongamos mucha diligencia en manifestar que nuestras emociones vayan al unísono con las expectativas de una vida piadosa.

Las emociones son mensajeras de lo que está ocurriendo en tu corazón. Es importante tener dominio propio, puesto que son las emociones las que te ayudan a tomar las decisiones adecuadas en cada circunstancia a la que te enfrentas. Podrás dirigir tus actitudes y tu conducta de manera que evites situaciones negativas y nocivas para tu vida. Manejar tus emociones te ayudará a evitar posibles peligros en tu vida y te guiará al entendimiento con otros en tus relaciones interpersonales. Nos daremos a entender y a la vez entender a otros si evitamos las controversias y los malentendidos.

Cuando no sabemos controlar nuestras emociones ni ser dueños de ellas, somos más vulnerables a los medios de manipulación masiva. Con todo, no son solo los medios de comunicación los únicos que saben cómo manipular. Las numerosas sectas que existen también buscan manipular las emociones de las personas, atrayéndolas hacia sí y haciéndolas dependientes de dichos movimientos antes que de Jesucristo.

Por desdicha, ser manipulados por otros es algo muy común en nuestros tiempos. La tecnología y los medios de comunicación ayudan a que esos manipuladores lleguen

hasta nuestros hogares todos los días y con mayor efecti-
vidad que como lo hacían Hitler, Castro y Chávez, entre
otros. Muchos líderes hoy reclaman una autoridad que no
les es dada divinamente, con las que esclavizan a quienes se
dejan llevar por ellos. Con todo, no hay que extrañarse ante
esto pues Jesús ya nos lo advirtió: «Porque se levantarán
falsos Cristos, y falsos profetas, y harán grandes señales y
prodigios, de tal manera que engañarán, si fuere posible,
aun a los escogidos» (Mateo 24:24).

En 1 Corintios 14:20 el apóstol nos dice: «Hermanos, no
seáis niños en el modo de pensar, sino sed niños en la mali-
cia, pero maduros en el modo de pensar». O, como traduce
otra versión: «Amados hermanos, no sean infantiles en su
comprensión de estas cosas. Sean inocentes como bebés en
cuanto a la maldad pero maduros en la comprensión de
asuntos como estos» (NTV).

En la medida en que nos dejemos llevar por nuestras
emociones, no reflexionando y meditando en la voluntad
de Dios, terminaremos como esclavos de las estratagemas
de los hombres y nos convertiremos en veleros que se dejan
llevar por cualquier viento de doctrina.

Por último, llegamos al punto central de lo que dice la
Palabra de Dios respecto de nuestras emociones. El apóstol
Pablo le dice a su joven pupilo en 2 Timoteo 1:7: «No nos
ha dado Dios espíritu de cobardía, sino de poder, de amor y
de dominio propio».

No solo se nos insta a controlar nuestras emociones por
causa de nuestra salud espiritual, sino porque el Espíritu
Santo que habita en todo creyente nos da la fortaleza para
dominar nuestras emociones, ya sea ira, temor, angustia,
desesperanza, alegría o desdicha.

CAPÍTULO 17

En la Roca que es más alta que yo

—Salmos 61:2

Quiero finalizar analizando la experiencia de David descrita en este salmo. Como rey, el salmista había enfrentado grandes luchas y pruebas antes de alcanzar tal posición. Sin embargo, en esta ocasión, David se encuentra en el momento más crucial de su vida. Absalón, su hijo, había muerto después de su rebelión; por lo que el monarca se encontraba en un estado de ánimo terrible, agobiado por sus sentimientos y sumergido en lo más profundo del dolor.

David utiliza una metáfora, «desde el cabo de la tierra clamaré a ti», su corazón desfallecido se sentía naufragando entre las tempestades de la vida, al punto que pensaba que se hundía sin poder tocar fondo, por lo que gime ante Dios y le dice: «Llévame a la roca que es más alta que yo» (62:2). El salmista, ya en las postrimerías de su vida, desea ser llevado a un lugar más alto que ese en el que se encontraba. Tenía tanta seguridad en cuanto a ese lugar al que Dios lo podía llevar que, en el salmo 18, afirma que Él es su alto refugio (v. 2). Sin embargo, en aquel momento de necesidad sentía que se hundía en las profundidades del abismo, en lo más hondo de las aguas tempestuosas, por lo que trataba de pisar algo firme a lo cual aferrarse para no hundirse, sin embargo, cada paso solo lo llevaba al vacío.

No sé cuántos han tenido una experiencia en la que han estado a punto de ahogarse, en algún mar, algún río e incluso una piscina. En lo que a mí respecta, dos veces estuve en esa situación. La primera fue en una piscina en Estados Unidos y la segunda en una de nuestras lindas playas de la isla de Culebra. En ambas ocasiones intenté conseguir un punto más alto que yo para sostenerme y no hundirme. Qué sensación tan horrible. Me sentí totalmente desamparado, abrumado por la certeza de que no tendría ninguna ayuda.

David entendió que él no tenía en ese momento la capacidad para valerse por sí mismo; por lo que, en vez de impulsarse con sus fuerzas y sus habilidades, ruega y dice: «llévame», en otras palabras: «Señor, cárgame tú porque yo no puedo». ¿Cuántos han llegado a una encrucijada como esa y no han podido recurrir a algún recurso más alto que ellos? El ladrón que estaba al lado de Jesús en la cruz reconoció que este, que estaba en la cruz del centro, era la roca más alta que él necesitaba, por lo que no se tardó en decirle: «Acuérdate», o lo que es lo mismo: «Llévame».

¿Cuántos compañeros de ministerio, ante la desesperación por la falta de recurso al cual aferrarse, han sucumbido y se han rendido ante el engaño del pecado o la falsedad del suicidio, cediendo toda esperanza en Jesús y abrazando la oscuridad de las tinieblas? Como pastores y líderes, en el reino de Jesucristo, no estamos exentos de los violentos ataques del diablo; por el contrario, somos objetos de su estrategia para tratar de desestabilizar la obra del Señor.

No desviemos nuestra mirada a las aparentes buenas opciones que en su naturaleza nos presenta el mundo que nos rodea. Sus apariencias pueden lucir atractivas pero su práctica causa amargura y desilusión. David entendió su condición, tenía posición, riquezas y poder; sin embargo, ante los virulentos vientos de la vida, solo una cosa le garantizaba mantenerse firme aun frente a los peligros que lo amenazaban: descansar en la roca que era más alta que él.

Compañero, ¿dónde has estado? ¿Con qué obstáculos has tenido que lidiar, que han socavado tus fundamentos? ¿Te has encontrado solo y angustiado en momentos en los que esperabas el apoyo y el reconocimiento de aquellos que te rodean? ¿Has visto esfumarse los ideales y los sueños que una vez te impulsaron a movilizarte en la obra del Señor? ¿Estás bajo la opresión de pensamientos negativos y lleno de temor ante lo que te está sucediendo o lo que te puede ocurrir?

El profeta Jeremías exclamó: «Invoqué tu nombre, oh Jehová, desde la cárcel profunda; oíste me voz; no escondas tu oído al clamor de mis suspiros. Te acercaste el día que te invoqué; dijiste: No temas. Abogaste, Señor, la causa de mi alma; redimiste mi vida» (Lamentaciones 3:55-58). Desde lo profundo de sus lamentos, el profeta ahora presenta un rayo de esperanza con las misericordias de Dios y su fidelidad.

Hay una pintura al óleo que el pintor Rembrandt hizo en 1630, titulada «Jeremías lamenta la destrucción de Jerusalén». Al observar el cuadro con detenimiento, puedes ver a la gente huyendo de una ciudad en llamas. La tradición judía reconoce la presencia del profeta Jeremías durante la caída y destrucción de la ciudad de Jerusalén. Este libro describe todo clase de mal que la gente ha tenido que sufrir: guerra, destrucción, violaciones, pillaje, tráfico de humanos, hambre y hasta canibalismo. El profeta Jeremías describe todas esas calamidades y las lamenta.

A pesar de todo eso, Jeremías enfoca sus pensamientos en la esperanza, ya que a causa del amor de Dios no serían consumidos. Por eso afirma con denuedo: «Por la misericordia de Jehová no hemos sido consumido, porque nunca decayeron sus misericordias. Nuevas son cada mañana; grande es tu fidelidad» (Lamentaciones 3:22-23). En su misericordia, encontraremos redención a nuestros momentos de debilidad y flaquezas. Él nos fortalecerá y nos llevará a la roca que, definitivamente, es más alta que los recursos humanos que tenemos a nuestra disposición.

Fui seleccionado para participar en un equipo que planificaría el diseño de unas nuevas instalaciones que convertiría nuestra planta en la más relevante en la corporación para la cual trabajaba. Esa asignación requería que viajara semanalmente a Estados Unidos por casi dieciocho meses consecutivos. Al principio era desafiante y retador, pero la rutina de los viajes, los horarios y las alteraciones del ritmo de alimentación comenzaron a crear ansiedad y malestar en mi persona.

Además de esta nueva responsabilidad, mis funciones como administrador de varios departamentos continuaban en las mismas condiciones. Hasta que llegó el momento en que sentí que había perdido el rumbo en cuanto a lo que Dios esperaba de mí. Fue entonces que, una madrugada —cuando no podía conciliar el sueño—, me di cuenta de que me había distanciado del Señor. Había dejado de asistir al templo con la frecuencia que solía hacerlo, había limitado mi participación en las actividades de la iglesia, aun cuando luchaba por agradar a Dios en mis ejecuciones a pesar de la pesada carga que llevaba. Pero, esa noche, llegué al punto en el que sentí un gran desánimo.

Siempre he sostenido que nuestro Señor es un Dios de presencia, que está cerca de aquellos que le invocan; un Dios que no espera perfección, ¡espera fidelidad! Sin embargo, en esa oportunidad, me sentí miserable; pero sabía que mi Padre celestial tenía compasión. Yo me sentía olvidado, pero mi Padre amoroso me mostró su misericordia. Su manifestación en esa noche fue muy personal, sentí la protección y el cuidado de un poderoso guerrero ejercitando sus habilidades para el bien de los suyos.

Qué hermosa experiencia aquella. Dios me levantó el ánimo y me ayudó a cumplir mis funciones en el proyecto. ¿Quién, como Dios, ¡magnífico en poder!? Sus misericordias siempre están reservadas para sus hijos. Quizás te encuentres en el punto más bajo, sientas desánimo con respecto a tu liderazgo, y cuestiones si Dios será realmente fiel al llamado que te hizo. Te sientes desamparado, sin razón de existir; sientes que tus oraciones no llegan a ningún lado, que la desilusión y la decepción inundan tus pensamientos, frustrando tu habilidad para tomar decisiones y ejecutar planes de recuperación.

Pues, no eres el único, Jeremías sintió lo mismo y muchos que han asumido el rol de líderes han pasado por momentos parecidos. Imita al profeta, que fue franco con Dios y le expresó sus sentimientos, pero no puedes quedarte ahí; Jeremías reconoció que las misericordias de Dios eran nuevas cada mañana. La palabra «misericordia» viene del término hebreo «vientre», que indica gentileza, cuidado, nutrición, sostenimiento y, prácticamente, todo lo que se necesita para la vida.

Y lo interesante de todo esto es que el profeta usó el plural. No solo es misericordia para un día, sino que todas las mañanas sus misericordias (plural) son nuevas. Todo lo que necesitas para sostenerte en medio de tu peregrinaje en esta vida se encuentra en las misericordias del Señor. Solo tienes que esperar en Dios. El profeta se expresó y dijo: «Mi porción es Jehová, dijo mi alma; por tanto, en él esperaré. Bueno es Jehová a los que en él esperan, al alma que le busca. Bueno es esperar en silencio la salvación de Jehová» (3:24-26).

En el versículo 53, Jeremías describe su experiencia. Sus enemigos, después de encarcelarlo, lo echaron a una cisterna y le lanzaron piedras; luego menciona que el lodo lo cubrió al punto que pensó que moriría. Pero, en ese momento, invocó el nombre de Dios desde la profunda cárcel. Dios oyó su clamor, se acercó y le dijo que no temiera, tomó su caso y lo redimió.

Dios es fiel y, aunque las respuestas no lleguen cuando nosotros las esperamos, la realidad es que tampoco llegan tarde, llegan en el momento exacto, en el instante ideado por el Creador de todas las cosas. «Porque el Señor no desecha para siempre; antes si aflige, también se compadece según la multitud de sus misericordias» (3:31-31). Recuerda que *«Dios es perfecto en todas sus obras. El hombre, al perder la perfección en el huerto de Edén, está en proceso de recuperar esa perfección. Así que, mientras estemos laborando aquí en la tierra, no existirá perfección en la función de liderato o dirección de ningún ministerio. Por tanto, la perspectiva del líder perfecto es un mito».*

Sin embargo, la perfección de Dios, su misericordia y su bondad para con sus hijos permanecen inalterables. Así que mantengamos nuestra confianza en aquel que nos llamó a ministrar. Si Él te llamó, es porque tienes la capacidad para cumplir con ese trabajo y ser exitoso por tu fidelidad a Él. Recuerda que «los que esperan en Dios, tendrán nuevas fuerzas; levantarán alas como las águilas; correrán y no se cansarán; caminarán y no se fatigarán» (Isaías 40:31).

«Entenderé el camino de la perfección cuando vengas a mí. En la integridad de mi corazón andaré en medio de mi casa» (Salmos 101:2).

El enigma de la perfección

Un liderazgo perfecto es aquel en el que el líder reúne, al menos, las siguientes treinta virtudes. Si cumples con estas treinta virtudes, te felicito, ¡eres el líder perfecto!

* Nunca cometes errores.
* Nunca te cansas.
* Nunca necesitas tiempo para reflexionar.
* Nunca necesitas reconocimiento.
* Nunca necesitas tiempo de recreación.
* Nunca sientes temor.
* Nunca eres afectado por los problemas familiares.
* Nunca eres malentendido.
* Nunca necesitas asesoramiento espiritual.
* Nunca requieres de educación continua.
* Nunca fallas en el logro de tus objetivos.
* Nunca intentas avergonzar a los compañeros que discrepan de tus ideas.
* Nunca prácticas la procrastinación ni evades los asuntos difíciles.
* Nunca pasas por alto la oportunidad de reconocer a alguien que se ha destacado.

* Nunca eres cuestionado por tus decisiones.
* Siempre estás motivado.
* Siempre llegas temprano a los compromisos.
* Siempre atinas en dar la respuesta correcta.
* Siempre provees una solución a los problemas.
* Siempre les das prioridad a tu esposa y a tus hijos por encima de tus responsabilidades pastorales.
* Siempre sientes el apoyo de tu familia en el ministerio.
* Siempre sigues las pautas y las reglas establecidas por los superiores en jerarquía.
* Siempre operas por principios bíblicos antes que por conceptos dogmáticos.
* Siempre apoyas a tus líderes con el ejemplo y tus consejos.
* Siempre procedes con ética en la relación con tus colegas ministros.
* Siempre vences la tentación y soportas la prueba.
* Siempre promueves la armonía y la paz antes que las discusiones infructuosas y conflictivas.
* Siempre destacas la planificación y la organización en tus interacciones.
* Siempre estableces tu visión para darle orientación al grupo.
* Siempre ejecutas planes para el bien colectivo.

Te invitamos a que visites nuestra página
web donde podrás apreciar la pasión por
la publicación de libros y Biblias:

www.casacreacion.com

Para vivir la Palabra